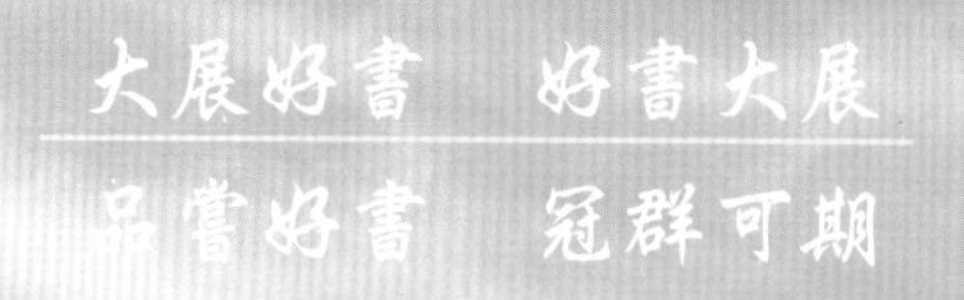
大展好書　好書大展
品嘗好書　冠群可期

大展好書　好書大展

品嘗好書　冠群可期

實用武術技擊 14

詠春拳高級格鬥訓練

魏峰 編著

大展出版社有限公司

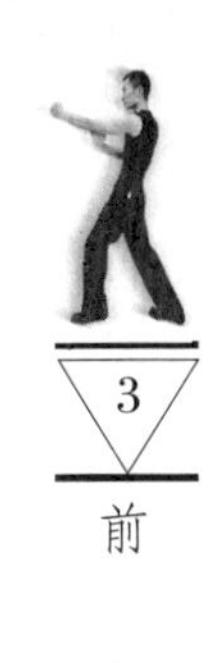

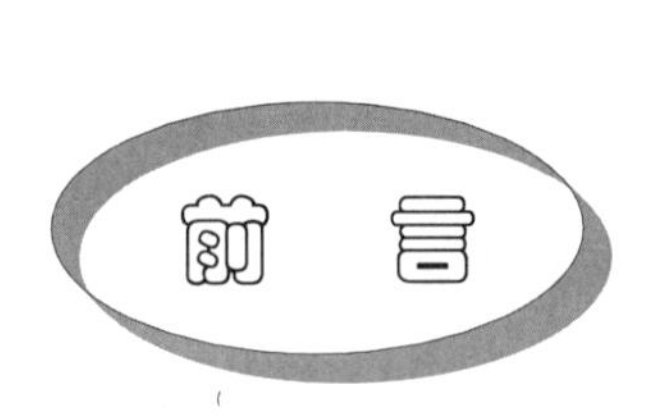

如果你在互聯網上輸入「詠春」兩個字，馬上會看到很多有關「詠春」的網站與相關新聞，它的數量絕不少於跆拳道、散打。因此，雖然人們都認爲現在是「跆拳道」與「散打」熱，但事實卻未必。

爲什麼詠春拳會後來居上呢？原因是詠春拳簡單、實用、上手快，只要能掌握其科學原理，則無論老幼都可憑此有效制敵。並且訓練時不需要專門的場地，同時還有「速成」的特點，因此，已被很多國家的軍警列爲必修課目，特別是被一些特警及特種部隊引用，這些人往往要進行生死搏鬥的，所以，他們能選中詠春拳是有充足的理由的。

由於練習詠春拳基本功，可以不需要紮馬、拉韌帶，甚至不用槓鈴、啞鈴、沙包，哪怕是只有一、兩平方公尺大的地方就夠了，所以，大大節省了練習時間與訓練空間，這對生活在擁擠的大城市中的人來說尤爲重要。

正是基於這一點，在社會節奏逐步加快的今天，詠春拳也正在逐步推廣壯大，因爲它完全符和社會的需求。更由於詠春拳講的是高度技巧性，靠的是悟性，提倡的是科學性，所以，如果你花同樣的時間與精力去練習詠春拳或其他拳術，那麼，在最終的實用結果上，可能還是春拳要強過後

者，當然這也不是絕對的，因爲還要看具體的發揮如何。

在很多的人印象中，無論是「佛山贊先生」梁贊，還是詠春拳走向全球之第一大功臣葉問，都是極爲清瘦、斯文之人，從表面上看絕無膀大腰圓之「武夫」形象，包括李小龍在內也是一樣，他們都可稱得上是學者型的武術家，或者用國外的話來講也可以稱爲「格鬥修士」。

因爲詠春拳是提倡用腦的，技術的練習也是提倡用「悟」的，所以，詠春拳的練習絕非是靠蠻力就可達至高深境界。也正因爲清瘦之人反應極爲敏捷及動作快如閃電，因此往往可制敵機先，其戰鬥力絕不遜於肌肉發達的壯漢。

前面出版的那本《詠春拳搏擊術速成訓練》主要講解的是以詠春拳「小念頭」與「尋橋」爲主的攻防技術體系，由於此兩者多爲防禦反擊型技術，也就是詠春拳之初、中級技術，所以，攻擊力遠沒有「標指」強猛，因此，透過對本書所講的內容的練習，必可大大增強和提高你的戰鬥力與格鬥實力。因爲本書的大部分內容爲密不外傳的「絕招」，所以，對此類絕藝的潛修苦練，方可達至詠春拳的高深境界，並逐漸演變成自己的「絕招」。

當然，從辯證的角度來講，所謂的「絕招」是你自己經由不懈練習後已達到本能化狀態的快、準、狠的招式，因爲別人的「絕招」只適合別人的身體特點及打法特點，你只有經過不斷的磨練、不斷的實踐才可逐步將一普通的招式變爲「絕招」，或將別人的「絕招」消化後變成自己的「絕招」。記住，「絕招」一半靠繼承，一半靠苦練而成。

本書所講解的多爲詠春拳中的不輕易外傳之狠招，特別適合於軍警人員練習，當然它對改進專業搏擊運動員的格鬥理念與改進、提升其技術體系也將有不可估量的作用，用李小龍的話來說就是：「無論你練習何種武術，詠春拳都會最大限度地銳化你的攻擊力」。

因爲目前在國外已有一大批世界頂級搏擊王及泰拳冠軍轉學詠春拳，如歐洲泰拳冠軍里茲、世界泰拳冠軍霍斯、美國多屆搏擊冠軍桑德等，就連世界著名重量級拳王布魯諾也曾專門到香港學習詠春拳，可見詠春拳確爲經得起實踐與時間檢驗的高度實戰的拳學。

當然，任何練習者在運用詠春拳時都應慎之又慎，萬不可輕易出招制人，我們雖然要以開放的態度來修習詠春拳，但同時還要以保守的態度來施展詠春拳。書中不妥之處，還望廣大同道與前輩們指正。

魏　峰　於珠海

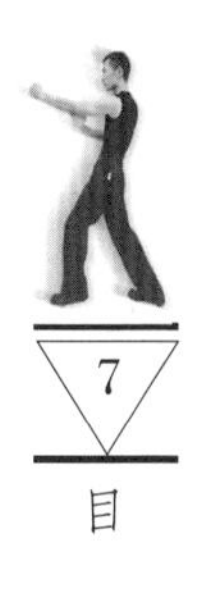

目　錄

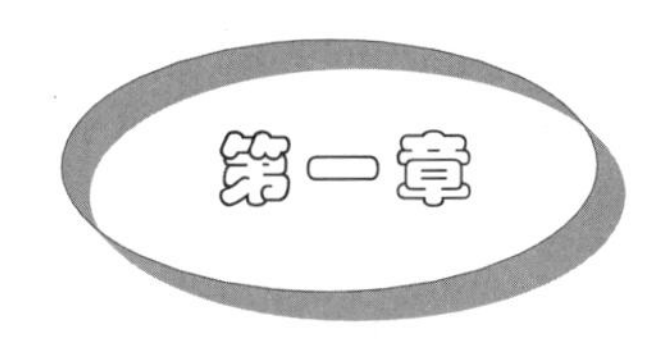

第一章 詠春拳高級套路—標指訓練

標指是詠春拳中的第三個套路，也是詠春拳中最高級的徒手套路，屬於本門功夫中的「不傳之秘」，詠春拳中有一句話叫「標指不出門」，也就是說該套兇狠的格鬥絕招只能教給入室弟子，換言之，如果不是自己的詠春拳術已練至相當高的水準，也根本別指望能學到此套看家拳術。所以，在以前的詠春拳界，練了很多年拳術卻未曾見過「標指」者大有人在，這可能是在舊社會人們靠功夫吃飯，因此，不會輕易把絕招示人，當然這在一定程度上也就造成了人們心目中對「標指」的神秘性。

現代社會已相當開明，只要你認真學習，並尊師重教，在修習詠春拳一、兩年後或兩、三年後便可能學到此套詠春絕藝。不過，由於此套拳術過於淩厲、辛辣，因此練習者應須謹慎運用，以免造成不必要的麻煩。當然，過去的老前輩不想大範圍內傳播此高級套路的原因，也是因為它過於狠毒及殺傷力太大，因此，大多練習者習武年限增長及修養提高後才教授此絕藝，由於此時他已不會輕易出手，故通常不會由此錯手傷人。

據傳，老前輩過去不想輕易教授標指的另一個原因，

是它包含了很多破解前面兩套拳術中的狠招的招式，而此等「高招」當然只會授予入室弟子或本族子侄。

第一節　標指的勁力特點

標指的用力特點就是「爆炸力」的高效運用，也就是在動作放鬆的基礎上閃電般的攻出，然後在拳頭或手指接觸目標的瞬間突然發力去攻擊對手最脆弱的要害部位。

由於動作是放鬆的打出，故對手一般極難防範，並由於是在極短的距離內發出，因此，更增加了對手的防禦難度，但命中目標時卻具有強勁的穿透效果，其原理就像鐵鏈拴住的鐵錘一般，雖然鐵鏈是軟的，但鐵錘的破壞力卻是極為驚人的。一旦命中目標，當會有「炸裂」的效果，去「轟破」或「洞穿」目標。在傳說中本門前輩梁贊便曾將力勁「貫注」於指尖，並震響一座寺院內的銅鐘，使圍攻者望而怯步並聞風而逃。

第二節　標指的打法特點

「標指」與「小念頭」及「尋橋」的區別，很明顯的一點是在巧妙運用中、長距離攻擊技術的同時，更擅長於中、近距離的「貼身搏擊」，如肘擊的運用便成為詠春拳的一大殺手絕招，還有就是幾式摔法的靈活運用，如「抓拉摔」與「梗攔手」等等。

另外一點，就是它特別強調腳（步）法的有效運用，而且在這裏有一點需要澄清的是，由於大多數詠春拳練習者只能練習到前兩套拳法，而無緣修習「標指」之秘技，而前面的兩套拳術又剛好沒有有關步法的專門訓練方法（尤其是本門所特有的「圈步」訓練），所以，就導致了相當一部分人錯誤地認為詠春拳「有手無腳」，但殊不知並不是詠春拳「無腳」，而只是他尚未練習到這一地步而已。

（為了方便大家練習與記憶，在這裏謹將「標指」分成若干個「小節」來練習，當然在傳統的訓練中是不這樣劃分的）

第三節　標指的練習方法

1. 二字箝羊馬

全身放鬆，自然站立，目視前方，兩腿併攏（圖1）。

提氣，雙手握拳貼著身體向上收於腋下（胸側），此時拳心朝上，兩拳貼緊身體，並收腹挺胸，目視前方（圖2）。

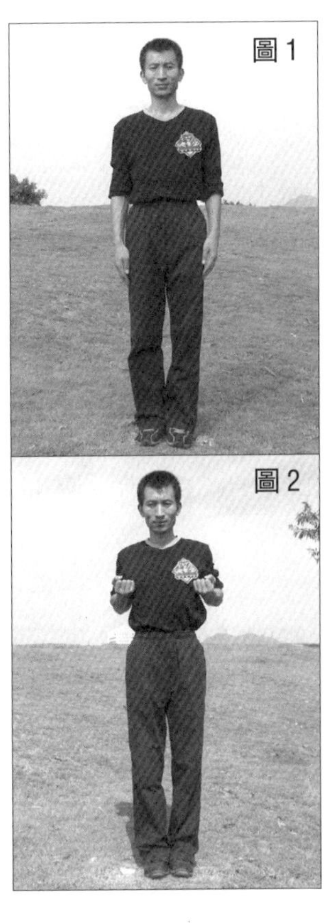
圖1
圖2

圖3

圖4

圖5

圖6

上體動作與姿勢不變，將兩膝略彎曲，而使重心略下沉，此時仍目視前方（圖3）。

以腳跟為軸，兩腳掌外轉，同時膝關節也分開轉向外側（圖4），使兩腳呈外「八」字形。

接下來再以兩前腳掌為軸而使兩腳後跟向外側轉動，也就是將兩膝「內箝」，重心平均落於兩腳上，完成「開馬」動作，此時兩腳呈內「八字」形（圖5）。

兩拳變掌並向腹前插下，使兩手在腹前交叉，直至將兩手臂插至略直狀態，此時是左手臂在上（外），右手臂在內，上體仍保持正直姿勢（圖6）。實戰中，此

圖7 圖8

動作用來向下格擋對手的彈踢腿。

進行翻轉，此時兩手臂仍須貼緊，並仍目視前方（圖7）。

兩手繼續向上、向外翻成兩手心向上的「交叉攤手」姿勢（圖8）。

兩手由掌變拳並由胸前位置向胸部兩側收回來（圖9）。

圖9 圖10

2.日字沖拳／三搖頭

左手握拳先置於人體中線上（守中），並準備向鼻子的正前方打出「日字沖拳」（圖10）。

圖 11　圖 12

圖 13　圖 13-1

左拳放鬆的打出，並且是以「寸勁」將拳打出，此時須呼氣以助發力，並力貫拳面（圖 11）。

左拳需在手臂打直的瞬間才將力果斷發出，而且是沿直線（中線）果斷的打出（圖 12）。

左臂仍佔據「中線」，手臂仍須伸直，但左拳應變掌，並轉至掌心向下，隨後在手臂不動的情況下，將左手擺向外側（圖 13）。

（圖 13-1）為左手外擺的側面示範。

圖 14　圖 14-1

圖 15

接下來，左手臂仍不動，並將左手掌再由外向內側擺動，從而完成 1 次「搖頭」動作（圖 14），但做「搖頭」動作時須輕靈而不可僵硬。

（圖 14-1）為左手內擺的側面示範。

隨後左手臂仍不動，手臂仍須伸直，並將左手再次擺向外側（圖 15）。

接下來，左臂仍佔據「中線」不動，並將左手掌再由外向內擺動，從而完成第 2 次「搖頭」動作（圖 16），而且左手做「搖頭」動作時身體不可隨之晃動。

圖 16

圖 17

圖 18

圖 19

圖 19-1

左手臂仍不動，手臂仍須伸直，並將左手再次擺向外側（圖17）。

接下來，左臂仍佔據「中線」不動，並將左手掌再由外向內擺動，兩手臂貼著身體向內、向上，從而完成第 3 次「搖頭」動作（圖18），而且此時身體與左臂均不可隨之晃動。

待左手做完 3 次「搖頭」動作後，將左手向上進行翻轉 90 度過程，而變成立掌，此時使掌心朝向右方（圖 19）。

（圖 19-1）為側面示範圖。

此時左手臂仍佔據「中線」，手臂仍須伸直，不過卻是變為將左掌向上方擺動的「仰掌」（圖 20）（圖 20-1 為側面示範）。

接下來，手臂仍不動，並將左手掌再由上向下擺動，從而完成上下「搖頭」中的第 1 次「搖頭」動作（圖 21），此時是靠腕力做動作，故手臂不可僵硬。

（圖 21-1）為左手向下側擺頭的側面示範。

圖 22　圖 23

圖 24

圖 25

隨後，左手臂仍佔據「中線」，手臂仍須伸直不動，並再次將左掌變為向上方擺動的動作（圖 22）。

接下來，手臂仍伸直不動，並將左手掌再由上向下擺動，從而完成上下「搖頭」中的第 2 次「搖頭」動作（圖 23）。

此時左手臂仍佔據「中線」，手臂仍須伸直，不過卻是再次將左掌向上方擺動成「仰掌」（圖 24）。

接下來，手臂仍不動，並將左手掌再由上向下擺動，從而完成上下「搖頭」中的第 3 次「搖頭」動作（圖 25），此時手臂仍需放鬆，而僅以腕力去輕靈地做動

圖 26 圖 27

作。

待左手再次做完 3 次上下的「搖頭」動作後，將左手向上翻轉 90 度，而變成掌心朝上的「攤手」（仰掌）動作（圖 26）。

然後，左手臂仍佔據「中線」，手臂仍須伸直不動，同時將左掌向內（朝臉部方向）進行轉腕，也就是先轉至手心向著自己的狀態，此時左手呈「勾手」狀（圖 27）。

圖 28

再將左手繼續向外旋轉至手指朝向外側的狀態，左手仍呈「勾手」狀（圖 28）。

當左手轉完一圈時成握拳姿勢，此時上體則一直保持正直姿勢不動（圖 29）。

圖 29

圖 30

圖 31

圖 32

圖 33

左手握拳慢慢往胸側收回（圖30）。

左拳直至收回至胸側位置（拳心向上），並準備打出右拳（圖31）。

右手握拳先置於人體中線上（守中），並準備向鼻子的正前方打出「右日字沖拳」（圖 32）。

右拳應放鬆的打出，並在手臂打直的瞬間才將力果斷發出，也就是講究「寸勁」的運用（圖33）。

右臂應打直，因為打得越直則「震盪力」越佳，此時仍須「呼氣以助力」，並力貫拳面（圖34）。

圖 34 圖 35

圖 36

圖 37

右臂仍佔據「中線」，手臂仍須伸直，但右拳應變掌，並使掌心向下，隨後在手臂不動的情況下，將右手擺向外側（圖 35）。

接下來，手臂仍不動，並將右手掌再由外向內擺動，從而完成 3 次右手「左右搖頭」中的第 1 次「搖頭」動作（圖 36），但做「搖頭」動作時須輕靈而不可僵硬。

隨後左手臂仍不動，手臂仍須伸直，並將右手再次擺向外側（圖 37）。

接下來，右臂仍佔據「中線」不動，並將右手掌再由外向內擺動，從而完成右手「左右搖頭」中

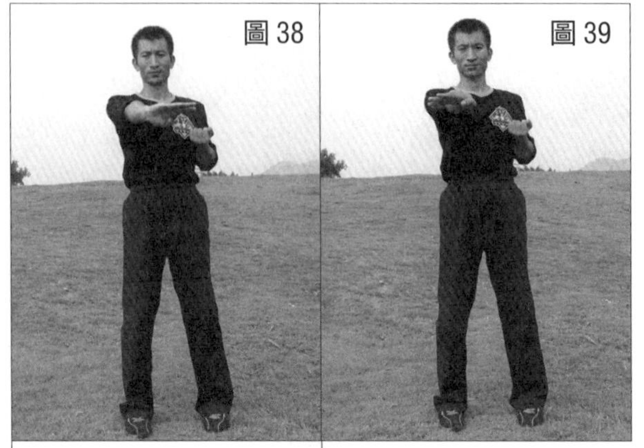
圖 38 圖 39

圖 40

圖 41

的第 2 次「搖頭」動作（圖 38），而且右手做「搖頭」動作時身體不可隨之晃動。

然後右手臂仍不動，手臂仍須伸直，並將右手再次擺向外側（圖 39）。

接下來，右臂仍佔據「中線」不動，並將右手掌再由外向內擺動，從而完成右側「左右搖頭」中的第 3 次「搖頭」動作（圖 40），此時身體與右臂均不可隨之晃動。

待右手做完 3 次「搖頭」動作後，將右手向上翻轉 90 度，而變成立掌，即使掌心朝向左方的動作（圖 41）。

圖 42　圖 43

此時右手臂仍佔據「中線」，手臂仍須伸直，不過卻是變為將右掌向上方擺動的「仰掌」（圖 42）。

接下來，手臂仍不動，並將右手掌再向下擺動，從而完成右手 3 次上下「搖頭」中的第 1 次「搖頭」動作（圖 43），此時是靠腕力做動作，故手臂不可僵硬。

圖 44

隨後，右手臂仍佔據「中線」，手臂仍須伸直不動，並再次將右掌變為向上方擺動的動作（圖 44）。

接下來，手臂仍伸直不動，並將右手掌再由上向下擺動，從而完成 3 次上下「搖頭」中的第 2 次「搖頭」動作（圖 45）。

圖 45

圖 46

圖 47

圖 48

圖 49

此時右手臂仍佔據「中線」，手臂仍須伸直，不過卻是再次將右掌向上方擺動成「仰掌」（圖 46）。

接下來，手臂仍不動，並將右手掌再由上向下擺動，從而完成上下「搖頭」中的第 3 次「搖頭」動作（圖 47），而且此時手臂仍須放鬆而僅以腕力去輕靈的做動作。

待右手再次做完 3 次上下的「搖頭」動作後，便將右手向上翻轉 90 度，而變成掌心朝上的「攤手」動作（圖 48）。

然後右手臂仍佔據「中線」，手臂仍須伸直不動，同時將右掌向內（朝面部方向）進行轉腕，也就

圖 50　圖 51

是先轉至手心向著自己的狀態（圖49）。

再將右手繼續向外旋轉至手指朝向外側的狀態（圖 50）。

等右手轉完一圈時成握拳姿勢，而此時上體則一直保持不動（圖 51）。

右手握拳慢慢往胸側收回（圖52）。

右拳應收至胸側位置（拳心向上），回復到「二字箝羊馬」狀態（圖 53）。

圖 52

圖 53

圖 54

圖 55

圖 55-1

圖 56

3. 豎劈肘／標指／圈步

在正身馬的基礎上，將左肘正直向上提起（圖 54）。

在向右側轉體的同時，將左肘也迅速揮起，使左肘貼緊頭部準備向右前方劈出，此時右手仍握拳置於右胸側（圖 55）。

（圖 55-1）為「左劈肘」揮起後的正面示範動作。

將左肘由上向下劈落，同時身體也已轉至右側，左肘應向下劈至手腕背部貼住胸部的狀態，此時應呼氣，並目視右前方（圖 56）。

圖 57

圖 58

圖 59

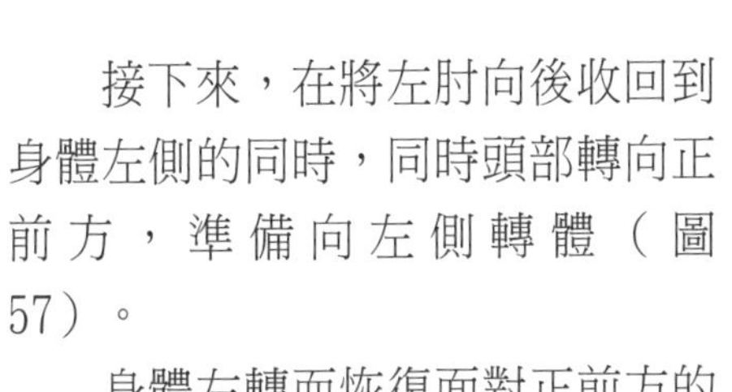

接下來，在將左肘向後收回到身體左側的同時，同時頭部轉向正前方，準備向左側轉體（圖57）。

身體左轉而恢復面對正前方的「正身馬」姿勢，右肘也同時抬起，準備向左側劈出（圖 58）。

在向左側轉體的同時，將右肘也迅速向上揮起，使右肘貼緊頭部向左前方快速劈出，此時左手仍須握拳並置於左胸側（圖 59）。

（圖 59-1）為「右劈肘」揮起後的正面示範動作。

圖 59-1

圖 60

圖 61

圖 62

圖 63

將右肘由上向下劈落，同時身體也已轉向左側，右肘應向下劈至手背貼住胸部的姿勢為止，此時應呼氣以助肘部發力，並目視左前方（圖 60）。

接著將右肘向後收回到身體右側，同時向右側轉頭至目視正前方的狀態（圖 61）。

身體右轉恢復至面對正前方的「正身馬」姿勢，左肘也同時抬起，準備向右側劈出（圖 62）。

在向右側轉體的同時，將左肘也迅速揮起，使左肘緊貼著頭部向右前方劈出，此時右手仍握拳置於右胸側（圖63）。

將左肘由上向下劈落，同時身

體也已轉至右側，右肘應向下劈至手背貼住胸部的姿勢，此時應呼氣以助左肘發力，並目視右前方（圖64）。

隨後將右拳變掌，並從左臂下準備向右前方攻出兇狠的「右標指」（圖 65）。

「右標指」由放鬆的狀態下快速攻出，目標是人的眼睛或咽喉部位，此時左手應略回收並貼護於右肘關節處，用來對自身形成良好的保護（圖 66）。

接下來，在將左腳向前併步（與右腳靠攏）的同時，左手也變成「標指」並迅速攻出，目標仍是對方的眼部高度（圖 67）。

圖 68　圖 69

圖 70

圖 71

將兩手分別向外側進行旋轉，但此時手臂仍是伸直的（圖68）。

當兩手由內向外、再向上轉至手心向上時，立即將兩手握拳，並準備向胸部兩側收回（圖 69）。

將兩拳收回到胸部兩側，此時仍目視右前方（圖 70）。

將頭部左轉，而目視正前方（圖 71）。

接下來，以右腳為軸不動，將左腳腳尖踮起並略前伸，準備向左側做「圈步」移動（圖 72）。

圖 72　圖 73

圖 74

左腳向左方沿一弧線滑（移）動，致使身體由面對右前方的姿勢開始轉向正前方，此時重心應大多落於右腳上，而且右腿應始終成「箝」膝姿勢（圖 73）。

將左腳繼續向左側滑動，直至滑到左腳與右腳基本平行，而使身體完全面對正前方的「正身馬」姿勢為止（圖 74）。

然後將身體重心略向左側移動，從而使身體重心平均落於兩腳上，因為此時整個動作已完全恢復到了「二字箝羊馬」姿勢（圖 75）。

圖 75

圖 76

圖 77

圖 78

圖 79

隨後將重心再略向左移動，並將右腳腳尖踮起並準備向後側做「圈步」移動（圖 76）。

在上體保持不動的基礎上，將右腳輕擦地面而先向右後方滑動（圖 77），在這裏右腳的整個動作是在沿一個「圓圈」滑動與移步。

將右腳繼續由後向前滑動，向前滑至基本與左腳平行的位置上，此時仍須目視前方（圖 78）。

接下來將右腳繼續向右前方沿弧線（圓圈）滑動，此時上體仍須面對正前方，重心也應落在左腳上（圖 79）。

圖 80 圖 81

圖 82

圖 83

當右腳向右側滑動至剛剛好一個「圓圈」時應停住，並將重心略右移，而變成正身的「二字箝羊馬」姿勢（圖 80）。

在正身馬的基礎上，將右肘向上提起，並準備向左方劈出（圖 81）。

在向左側轉體的同進，將右肘也迅速向上揮起，使右肘貼緊頭部準備向左前方劈出，此時左手仍握拳置於左胸側（圖 82）。

將右肘由上向下劈落，同時身體也已轉至左側，右肘應向下劈至手腕背部貼住胸部的姿勢，此時應呼氣，並目視左前方（圖 83）。

圖 84　圖 85

圖 86

圖 87

接下來，在將右肘向後收回到身體右側的同時，再向右側轉頭（圖 84）。

身體繼續右轉而恢復面對正前方的「正身馬」姿勢（圖 85）。

將左肘向上抬起，準備向右側劈出右「豎劈肘」（圖 86）。

在向右側轉體的同時，將左肘也迅速向上揮起，使左肘貼緊頭部向右前方快速劈出，此時右手仍須握拳置於右胸側（圖 87）。

圖 88

圖 89

將左肘迅速由上向下劈落，同時身體也已轉向右側，左肘應向下劈至手背貼住胸部的姿勢為止，此時應呼氣以助左肘發力，並目視右前方（圖 88）。

接下來，將左肘向後收回到身體左側，同時向左側轉頭（圖 89）。

身體繼續左轉而恢復到面對正前方的「正身馬」姿勢（圖 90）。

右肘向上抬起，並準備向左側劈出（圖 91）。

圖 90

圖 91

圖 92

圖 93

圖 94

圖 94-1

在向左側轉體的同時，將右肘也迅速揮起，使右肘緊貼著頭部向左前方劈出，此時左手仍握拳置於左胸側（圖 92）。

將右肘由上向下劈落，同時身體也已轉至左側，右肘應向下劈至手背貼住胸部的姿勢，此時應呼氣以助右肘發力，並目視左前方（圖 93）。

隨後將左拳變掌，並從右臂下準備向左前方攻出快速、兇狠的「左標指」（圖 94）。

（圖 94-1）為該動作的正面示範圖。

「左標指」由放鬆的狀態下快速攻出，目標是人的眼睛部位，此時右手應略回收並貼護於左肘關節處，形成良好的保護（圖 95）。

在將右腳向前併步（與左腳靠近）的同時，右手也變成「標指」並迅速攻出，目標仍是對方的眼部高度（圖 96）。

將兩手分別向外側旋轉，但此時手臂仍是伸直的（圖 97）。

當兩手由內向外、再向上轉至手心向上時，立即將兩手握拳，並準備向胸部兩側收回（圖 98）。

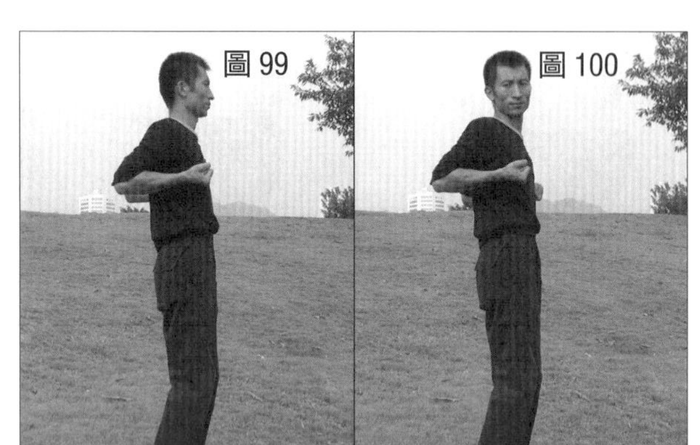
圖 99　圖 100

圖 101

圖 102

將兩拳收回到胸部兩側，此時仍目視左前方（圖 99）。

將頭部右轉，而目視正前方（圖 100）。

接下來，以左腳為軸不動，將右腳腳尖踮起並略前伸，準備向右側做「圈步」移動（圖 101）。

右腳向右方沿一弧線滑（移）動，致使身體由面對左前方的姿勢開始轉向正前方，此時重心應大多落於左腳上，而且左腿應始終成「箝」膝姿勢（圖 102）。

將右腳繼續向右側滑動，直至滑到右腳與左腳基本平行，而使身

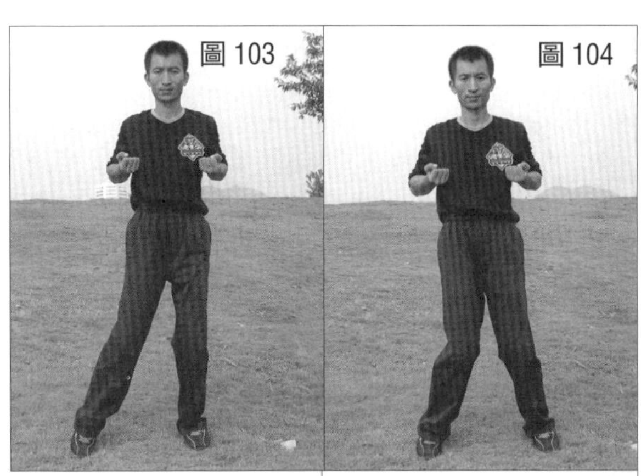

體完全面對正前方的「正身馬」姿勢為止（圖 103）。

然後將身體重心略向右側移動，從而使身體重心平均落於兩腳上，因為此時整個動作已完全恢復到了「二字箝羊馬」姿勢（圖 104）。

隨後將重心再略向右移動，並將左腳腳尖踮起並準備向後側做「圈步」移動（圖 105）。

在上體保持不動的基礎上，將左腳輕擦地面而先向左後方滑動（圖 106），在這裏左腳的整個動作是在沿一個弧線做劃「圓圈」的動作。

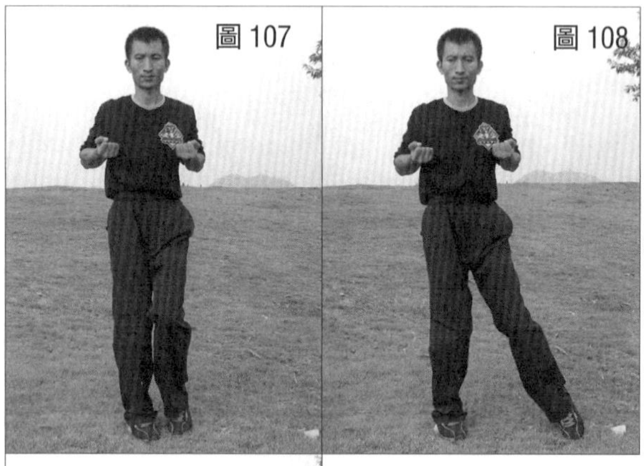

圖 107　圖 108

圖 109

圖 110

將左腳繼續由後向前滑動，將左腳向前滑至基本與右腳貼在一起的位置上，此時仍須目視前方（圖 107）。

接下來將左腳繼續向左前方沿「圓圈」方向滑動，此時上體仍需面對正前方，重心也應落在右腳上（圖 108）。

當左腳向左側滑動至剛剛好一個「圓圈」時應停住，並將重心略左移，而變成正身的「二字箝羊馬」姿勢（圖 109）。

在正身馬的基礎上，將左肘向上提起（圖 110）。

在向右側轉體的同進，將左肘

圖 111 圖 112

圖 113

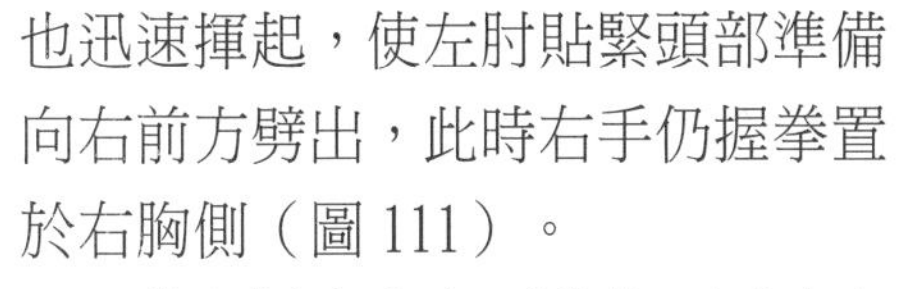

也迅速揮起，使左肘貼緊頭部準備向右前方劈出，此時右手仍握拳置於右胸側（圖 111）。

將左肘由上向下劈落，同時身體也已轉至右側，左肘應向下劈至手腕背部貼住胸部的姿勢，此時應呼氣，並目視右前方（圖 112）。

隨後將右拳變掌，並準備從左臂下向右前方攻出兇狠的「右標指」（圖 113）。

「右標指」由放鬆的狀態下快速攻出，目標是人的眼睛部位，此時左手應略回收並貼護於右肘關節處，用來對自身形成良好的保護（圖 114）。

圖 114

圖 115

圖 116

圖 117

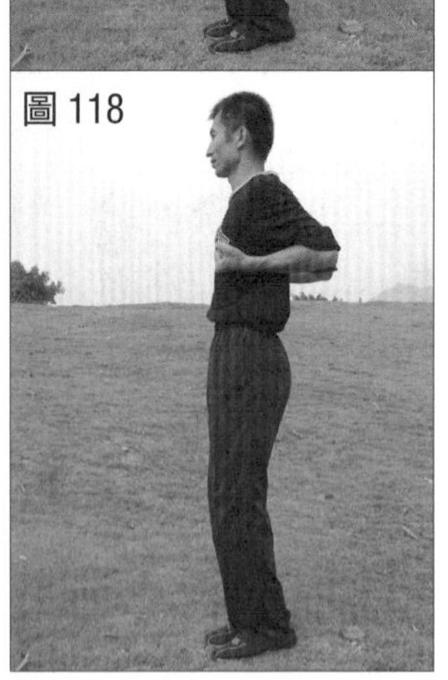
圖 118

接下來，在將左腳向前併步（與右腳靠近）的同時，左手也變成「標指」並迅速向前攻出，目標仍是對方的眼部高度（圖 115）。

將兩手分別向外側旋轉，但此時手臂仍是伸直的（圖 116）。

當兩手由內向外、再向上轉至手心向上時，立即將兩手握拳，並準備向胸部兩側收回（圖 117）。

將兩拳收回到胸部兩側，此時仍目視右前方（圖 118）。

圖 119　圖 120

圖 121

圖 122

將頭部左轉，變成目視正前方的姿勢（圖 119）。

接下來，以右腳為軸不動，將左腳腳尖踮起並略前伸，準備向左側做「圈步」移動（圖 120）。

左腳向左方沿一弧線滑（移）動，致使身體由面對右前方的姿勢開始轉向正前方，此時重心應大多落於右腳上，而且右腿應始終成「箝」膝姿勢（圖 121）。

將左腳繼續向左側滑動，直至滑到左腳與右腳基本平行的姿勢為止（圖 122）。

將身體重心左移，而恢復面對正前方的「正身馬」姿勢（圖123）。

隨後繼續將重心向左移動，並將右腳腳尖踮起並準備向後側做「圈步」移動（圖 124）。

在上體保持不動的基礎上，將右腳輕擦地面而先向右後方滑動（圖 125），在這裏右腳的整個動作是在沿一個「圓圈」滑動與移步。

將右腳繼續由後向前滑動，並在轉圈後再由後向前滑動，而滑至基本與左腳貼在一起的狀態，此時仍須目視前方（圖 126）。

圖 127 圖 128

圖 129

接下來將右腳繼續向右前方沿弧線滑動，此時上體仍須面對正前方，重心也應落在左腳上（圖127）。

當右腳向右側滑動至剛剛好一個圓圈時應停住，並將重心略右移，而變成正身的「二字箝羊馬」姿勢（圖128）。

在正身馬的基礎上，將右肘向上提起（圖129）。

在向左側轉體的同時，將右肘也迅速揮起，使右肘貼緊頭部準備向左前方劈出，此時左手仍握拳置於左胸側（圖130）。

圖 130

圖 131

圖 132

圖 133

圖 134

將右肘由上向下劈落，同時身體也已轉至左側，右肘應向下劈至手腕背部貼住胸部的姿勢，此時應呼氣，並目視左前方（圖 131）。

隨後將左拳變掌，並從右臂下準備向左前方攻出兇狠的「左標指」（圖 132）。

「左標指」由放鬆的狀態下果斷攻出，目標是人的眼睛部位，此時右手應略回收並貼護於左肘關節處，用來對自身形成良好的防護（圖 133）。

圖 135　圖 136

圖 137

接下來，在將右腳向前併步（與左腳靠近）的同時，右手也變成「標指」並迅速向前攻出，目標仍是對方的眼部高度（圖 134）。

將兩手分別向外側旋轉，但此時手臂仍是伸直的（圖 135）。

當兩手由內向外、再向上轉至手心向上時，立即握拳，並準備向胸部兩側收回（圖 136）。

將兩拳收回到胸部兩側，此時仍目視左前方（圖 137）。

將頭部右轉，而變成面向正前方的姿勢（圖 138）。

圖 138

圖 139

圖 140

圖 141

圖 142

以左腳為軸不動，將右腳腳尖踮起並向前伸出，準備向右側做「圈步」移動（圖 139）。

右腳向右方沿一弧線滑（移）動，致使身體由面對左前方的姿勢開始轉向正前方，此時重心應大多落於左腳上，而且左腿應始終成「箝」膝姿勢（圖 140）。

將右腳繼續向右側滑動，直至滑到右腳與左腳基本平行，而使身體完全面對正前方的姿勢為止（圖 141）。

隨後將重心再略向右移動，而恢復「正身馬」（圖 142）。

圖 143 圖 144

將左腳腳尖踮起並準備向左後側做「圈步」移動（圖 143）。

在上體保持不動的基礎上，將左腳輕擦地面而向左後方繼續滑動（圖 144），在這裏左腳的整個動作是在沿弧線劃一個「圓圈」。

圖 145

將左腳繼續由後向前滑動，並在轉圈後再由後向前滑動，而滑至基本與右腳貼在一起的狀態，此時仍須目視前方（圖 145）。

接下來將左腳繼續向左前方沿弧線（圓圈）方向滑動，此時上體仍須面對正前方，重心也應落在右腳上（圖 146）。

圖 146

圖 147

圖 148

圖 149

當左腳向左側滑動至剛剛好一個「圓圈」時應停住，並將重心略左移，而變成正身的「二字箝羊馬」姿勢（圖 147）。

4. 標指／高位掌擊／打眼手

在正身馬的基礎上，將左肘向上提起（圖 148）。

在向右側轉體的同時，將左肘也迅速揮起，使左肘由左上方向右下方斜劈下來（也就是「45 度劈肘」），此時右手仍握拳置於右胸側（圖 149）。

將左肘繼續由上向下劈落，同時身體也已轉至右側，左肘應向下劈至手腕背部貼住胸部的姿勢，此時應呼氣以助左肘發力，並目視右前方（圖 150）。

隨後將右拳變掌，並從左臂下準備向右前方攻出快速而兇狠的「右標指」（圖 151）。

「右標指」由放鬆的狀態下快速沿直線攻出，目標是對手的眼睛部位，此時左手應略回收並貼護於右肘關節處，用來對自身形成良好的防護（圖 152）。

圖 150　圖 151　圖 152　圖 153

接下來，在將右手收回胸側並握拳的同時，速將左手變成「側掌」（即手指向前、掌心朝向右側）並迅速沿「中線」果斷攻出（圖 153）。

圖 154

左掌須沿一直線迅速攻出，目標仍是對方的下巴要害處（圖 154）。

圖 154-1

圖 155

圖 155-1

圖 156

（圖 154-1）為左「高位側掌」的正面示範。

隨後在向左側轉體而恢復面對正前方的「正身馬」的同時，將左掌也隨之回拉並收回於腹前（此時掌心朝向右側、手指朝向正前方），右手則仍收護於右胸側（圖 155）。

（圖 155-1）為正身馬左「立掌」的側面示範，此時左手是放於「中線」上的。

然後將右拳變掌並向前伸於左掌上側（掌心朝向左側），準備向正前方以「標指」或「打眼手」攻出，此時兩手是上下貼在一起，並且均居於「中線」上的（圖 156）。

圖 156-1

圖 157

圖 157-1

（圖 156-1）為正身馬左右手的上下「立掌」的側面示範。

左掌變拳並向胸側收回的同時，右指則快速向正前方攻出，記住，此時右手或者是以「標指」攻出、也可以是以拇指為主要發力點攻出（此即所謂「打眼手」，也就是以拇指來重點攻擊對手的眼睛），身體則不可隨攻出而晃動，全身應輕靈、自然，並目視正前方（圖 157）。

（圖 157-1）為「右標指」或「右打眼手」的側面示範。

將右手向上翻轉 90 度，變成掌心朝上的「攤手」動作，此時右手臂仍佔據「中線」，手臂仍須伸直不動（圖 158）。

圖 158

圖 159　圖 160

圖 161

圖 162

接下來，將右掌先向內（朝臉部方向）進行轉腕，也就是先轉至手心向著自己的狀態，此時手臂仍須伸直不動（圖 159）。

再將右手繼續向外旋轉至手指朝向外側的狀態（圖 160）。

等右手轉完一圈時成握拳姿勢，而此時上體則一直保持不動（圖 161）。

右手握拳慢慢收回至胸側位置（拳心向上），回復到「二字箝羊馬」的狀態（圖 162）。

圖 163　圖 164

圖 165

圖 166

在正身馬的基礎上，將右肘向上提起（圖 163）。

在向左側轉體的同時，將右肘也迅速揮起，使右肘由右上方向左下方斜劈下來（也就是「45 度劈肘」），此時左手仍握拳置於左胸側（圖 164）。

將右肘繼續由上向下劈落，同時身體也已轉至左側，右肘應向下劈至手腕背部貼住胸部的姿勢，此時應呼氣以助右肘發力，並目視左前方（圖 165）。

隨後將左拳變掌，並從右臂下準備向左前方攻出快速而兇狠的「左標指」（圖 166）。

圖 167

圖 168

圖 169

「左標指」由放鬆的狀態下快速沿直線攻出，目標是對手的眼睛部位，此時右手應略回收並貼護於左肘關節處，用來對自身形成良好的保護（圖 167）。

接下來，在將左手收回胸側並握拳的同時，速將右手變成「側掌」（即掌心向左、手指朝向前方）並迅速沿「中線」果斷攻出（圖 168）。

右掌應沿直線迅速攻出，目標仍是對方的下巴要害處（圖 169）。

（圖 169-1）為正面圖。

隨後在向右側轉體而恢復面對正前方的「正身馬」的同時，將右掌也隨之回拉並收回於腹前（此時掌心朝向左側、手指朝向正前方），左手則仍收護於左胸側（圖 170）。此時右手是放於「中線」上的。

然後將左拳變掌並向前伸出於右掌上側（掌心朝向右側），準備向正前方以「標指」或「打眼手」攻出，此時兩手上下貼在一起，並且均佔據於「中線」上（圖 171）。

圖 169-1 圖 170 圖 171 圖 172

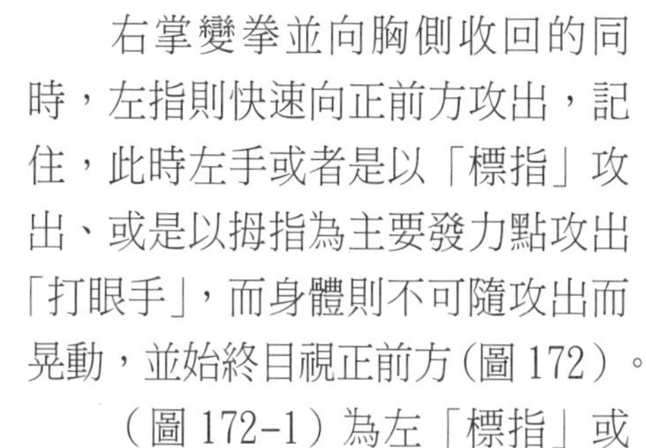

右掌變拳並向胸側收回的同時，左指則快速向正前方攻出，記住，此時左手或者是以「標指」攻出、或是以拇指為主要發力點攻出「打眼手」，而身體則不可隨攻出而晃動，並始終目視正前方(圖 172)。

(圖 172-1)為左「標指」或「打眼手」的側面示範。

圖 172-1

圖 173

圖 174

圖 175

將左手向上、向外翻轉 90 度，而變成掌心朝上的「攤手」動作，此時左手臂仍佔據「中線」，手臂仍須伸直不動（圖 173）。

接下來，將左掌先向內（朝臉部方向）進行轉腕，也就是先轉至手心向著自己的狀態，此時手臂仍須伸直不動（圖 174）。

再將左手繼續向外旋轉至手指朝向外側的狀態（圖 175）。

等左手轉完一圈時成握拳姿勢，而此時上體則一直保持不動（圖 176）。

左手握拳慢慢收回至胸側位置（拳心向上），回復到「二字箝羊馬」的狀態（圖 177）。

5. 標指／低位掌擊／打眼手

在正身馬的基礎上，將左肘向上提起至與肩平的高度（圖 178）。

在向右側轉體的同時，將左肘也迅速沿直線向右前方攻出，此時右手仍握拳置於右胸側（圖

圖 176 圖 177 圖 178 圖 179

179）。

將左肘繼續由左向右快速橫打過來（即現代武術或泰國拳中之「橫擊肘」或「橫掃肘」），同時身體也已轉至右側，此時應呼氣以助左肘發力，並且要力達肘尖，目標是對手的頭、頸要害處，目視右前方（圖 180）。

圖 180

圖 181

圖 182

圖 183

隨後將右拳變掌（左拳也同時變掌），並從左臂下準備向右前方攻出快速而兇狠的「右標指」（圖181）。

「右標指」由放鬆的狀態下快速沿直線攻出，目標是對手的眼睛部位，此時左手應略回收並貼護於右肘關節處，用來對自身形成良好的保護（圖 182）。

接下來，在將右手收回胸側並握拳的同時，速將左手變成「側掌」（即掌心向右、手指朝向前方）並迅速沿「中線」果斷攻出（圖 183）。

左掌的打擊目標仍是對方的心窩或軟肋等致命要害處（圖 184）。

（圖 184-1）為左「低位掌擊」的正面示範。

隨後在向左側轉體而恢復面對正前方的「正身馬」的同時，將左掌也隨之回拉並收回於腹前（此時掌心朝向右側、手指朝向正前方）「中線」處，右拳則仍收護於右胸側（圖 185）。

然後將右拳變掌並向前伸出於左掌上側（掌心朝向左側），準備

向正前方以「標指」或「打眼手」攻出，此時兩手是上下貼在一起，並且均居於「中線」上（圖186）。

左掌變拳並向胸側收回的同時，右指則快速向正前方攻出，記住，此時右手或者是以標指攻出、也可以是以「打眼手」攻出，身體則不可隨手的攻擊而晃動，目視正前方（圖187）。

圖 188　圖 189

圖 190

圖 191

將右手向上翻轉 90 度，而變成掌心朝上的「攤手」動作，此時右手臂仍佔據「中線」，手臂仍須伸直不動（圖 188）。

接下來，將右掌先向內（朝臉部方向）進行轉腕，也就是先轉至手心向著自己的狀態，此時手臂仍須伸直不動（圖 189）。

再將右手繼續向外旋轉至手指朝向外側的狀態（圖 190）。

等右手轉完一圈時成握拳姿勢，而此時上體則一直保持不動的姿勢（圖 191）。

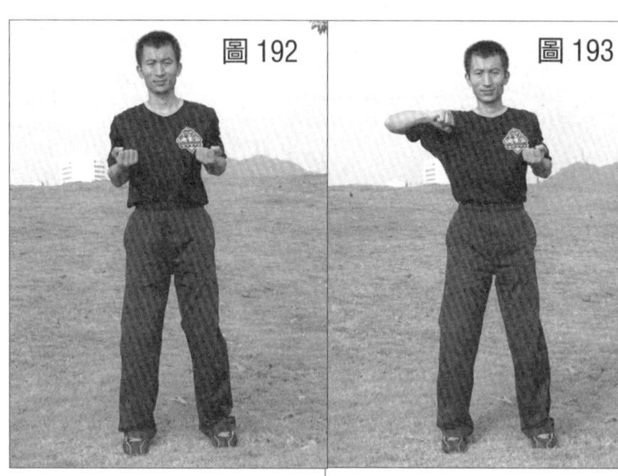
圖 192　圖 193

右手握拳慢慢收回至胸側位置（拳心向上），回復到「二字箝羊馬」的狀態（圖 192）。

在正身馬的基礎上，將右肘向上提起到與肩平的高度（圖 193）。

在向左側轉體的同時，將右肘也迅速沿直線攻出，使右肘由身體右側向左側橫掃過來（即「橫掃肘」），此時左手仍須握拳置於左胸側（圖 194）。

將右肘繼續向左前方橫掃攻出，同時身體也已轉至左側，此時應呼氣以助右肘發力，並須力達肘尖，目視左前方（圖 195）。

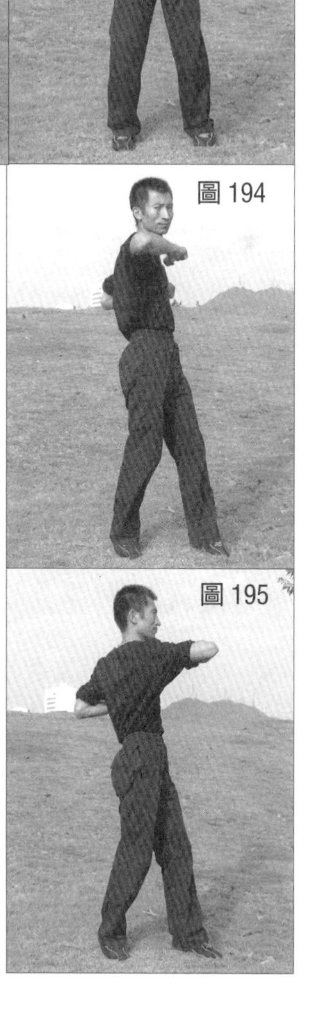
圖 194　圖 195

隨後將左拳變掌（右拳也同時變掌），並從右臂下準備向左前方攻出快速而兇狠的「左標指」（圖196）。

「左標指」由放鬆的狀態下快速沿直線攻出，目標是對手的眼睛部位，此時右手應收護於左肘關節處，用來對自身形成良好的保護（圖 197）。

接下來，在將左手收回胸側並握拳的同時，速將右手變成「側掌」（即掌心向右、手指朝向前方）並迅速沿「中線」果斷攻出（圖 198）。

此時右掌的打擊目標仍是對方的心窩或軟肋等致命要害處（圖199）。

（圖 199-1）為右「低位掌擊」的正面示範。

隨後在向右側轉體而恢復面對正前方的「正身馬」的同時，將右掌也隨之回拉並收回於腹前（此時掌心朝向左側、手指朝向正前方），左手則仍收護於左胸側（圖200）。此時右手是放於「中線」上的。

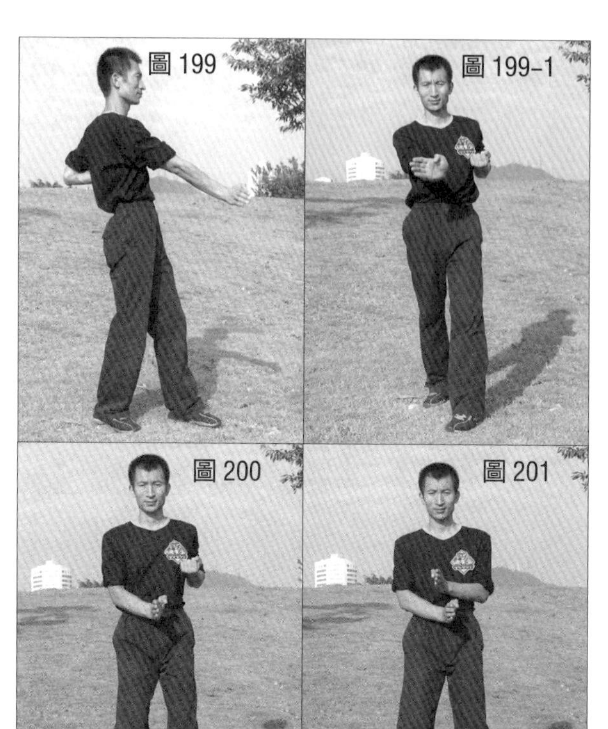

然後將左拳變掌並向前伸出於右掌上側（掌心朝向右側），準備向正前方以「標指」或「打眼手」攻出，此時兩手上下貼在一起，並且均佔據於「中線」上（圖 201）。

右掌變拳並向胸側收回的同時，左指則快速向正前方攻出。而且此時左手或者是以標指攻出、或者是以「打眼手」攻出，身體則不可隨攻擊而晃動，目視正前方（圖 202）。

將左手向上、向外翻轉 90 度，而變成掌心朝上的「攤手」動作，此時左手臂仍佔據「中線」，手臂仍須伸直不動（圖 203）。

接下來，將左掌先向內（朝臉部方向）進行轉腕，也就是先轉至手心向著自己的狀態，此時手臂仍須伸直不動（圖 204）。

再將左手繼續向外旋轉至手指朝向外側的狀態（圖 205）。

等左手轉完一圈時成握拳姿勢，而此時上體則一直保持不動（圖 206）。

圖 207

圖 208

左手握拳慢慢收回至胸側位置（拳心向上），回復到「二字箝羊馬」的狀態（圖 207）。

6. 連環標指手／側掌／打眼手

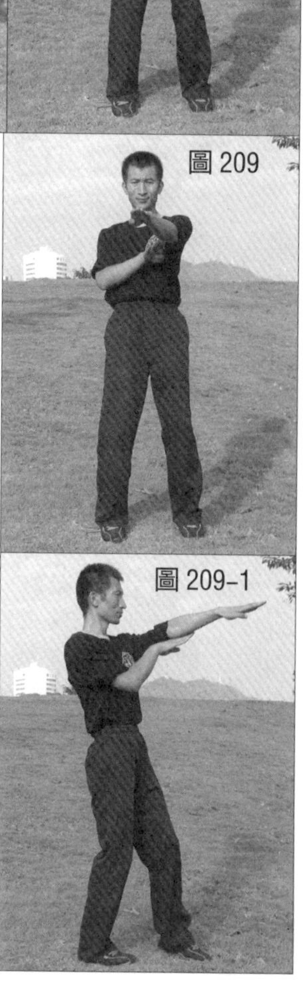
圖 209

圖 209-1

在正身馬的基礎上，將左拳變掌向「中線」靠攏並向正前方迅速攻出，同時右拳也變掌並貼放於左肘內（下）側，使兩手臂同時佔據中線（圖 208）。

在身體不動的情況下，將「左標指」放鬆的攻向正前方，目標是對手的眼睛或喉節，同時應呼氣並力達指尖，右手則仍貼護於左肘下側（圖 209）。（圖 209-1）為側面圖。

圖 210

圖 211

圖 212

接下來，在將「左標指」回收的同時，將右標指沿「中線」快速向正前方攻出，目標仍是對手的眼睛或喉節，兩臂仍須「守中」而出，目視右前方（圖 210）。

在呼氣的同時將「右標指」攻至臂直狀態，此時應力達指尖；左手則貼放於右肘內（下）側，使兩手臂同時佔據中線（圖 211）。

接下來，在將「右標指」回收的同時，將左標仍指沿「中線」快速向正前方攻出，目標仍是對手的眼睛或喉節，兩臂仍須「守中」而出，目視正前方（圖 212）。

左標指應該用「寸勁」去攻擊目標，並呼氣以助左指發力（圖 213）。

在「左標指」攻至臂直狀態的同時，右手則握拳收回於右胸側，此時左手臂仍須佔據中線（圖 214）。

隨後將左標指略回收，使左肘距離身體 10 公分左右，左標指變成「左側掌」（手心朝向右側）準備向右前方突然攻出（圖 215）。

「左側高位側掌」由放鬆的狀

態下果斷向右上方沿直線攻出，目標是對手的下巴或臉部等致命要害處，此時右手仍應收護於右胸側，只是此時身體已隨掌擊之勢變成了面向右前方的姿勢（圖 216）。

接下來，在向左側轉體而變為面向正前方的「正身馬」的同時，左掌也已變成「手刀」並準備從胸前向左後方「削（斬）出，目的是突然打擊背後偷襲之敵（圖 217）。

圖 218

圖 219

圖 220

圖 221

左掌應果斷、迅速的打向左後方，直至打至臂直狀態，此時上體仍須保持不動（圖 218）。

隨後將斬向左側的「左手刀」由上側劃弧並收落於面前，此時右拳則仍收護於右胸側（圖 219）。

將左掌繼續向下落於胸前心窩高度，右拳則仍收護於右胸側，目視前方（圖 220）。

然後將右拳變掌並向前伸出於左掌上側（掌心朝向左側），準備向正前方以「標指」或「打眼手」攻出，此時是兩手上下貼在一起，並且均據於「中線」上（圖 221）。

左掌變拳並向胸側收回的同時，右指則快速向正前方攻出，記住，此時右手或者是以標指攻出、也可以是以「打眼手」攻出，此時身體則不可隨攻擊而晃動（圖222）。

將右手向上、向外翻轉 90 度，而變成掌心朝上的「攤手」動作，此時右手臂仍佔據「中線」，手臂仍須伸直不動（圖 223）。

接下來，將右掌先向內（朝面部方向）進行轉腕，也就是先轉至手心向著自己的狀態，此時手臂仍須伸直不動（圖 224）。

再將右手繼續向外旋轉至手指朝向外側的狀態（圖 225）。

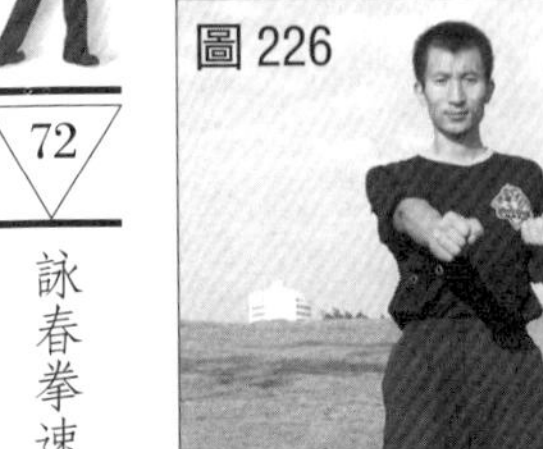

圖 226

圖 227

圖 228

圖 229

等右手轉完一圈時成握拳姿勢，而此時上體則一直保持不動（圖 226）。

右手握拳慢慢收回至胸側位置（拳心向上），回復到「二字箝羊馬」的狀態（圖 227）。

在正身馬的基礎上，將右拳變掌向「中線」靠攏並向正前方迅速攻出，同時左拳也變掌並貼放於右肘內（下）側，使兩手臂同時佔據中線（圖 228）。

在身體不動的情況下，將「右標指」放鬆的攻向正前方，目標是對手的眼睛或喉節，同時須呼氣並力達指尖，左手則仍貼護於右肘下側（圖 229）。

圖 230　圖 231

圖 231-1　圖 232

接下來，在將「右標指」回收的同時，將「左標指」沿中線快速從右臂下向正前方攻出，目標仍是對手的眼睛或喉節，兩臂仍須「守中」而出，目視正前方(圖 230)。

在呼氣的同時將「左標指」攻至臂直狀態，此時應力達指尖；右手則貼放於左肘內（下）側，使兩手臂同時佔據中線（圖 231）。

（圖 231-1）為「左標指」動作的側面示範。

接下來，在將「左標指」回收的同時，將「右標指」沿中線快速從左臂下向正前方攻出，目標仍是對手的眼睛或喉節，兩臂仍須「守中」而出，目視正前方(圖 232)。

右標指應該用「寸勁」去果斷攻擊目標，並呼氣以助右指發力（圖 233）。

在右標指攻至臂直狀態的同時，左手則握拳收回於胸側，此時右手臂仍須佔據中線（圖 234）。

隨後將「右標指」略回收，使右肘距離身體 10 公分左右，右標指變成「右側掌」（手指朝向前方）準備向左前方突然攻出（圖 235）。

「右側高位側掌」由放鬆的狀態下迅速向左上方沿直線攻出，目標是對手的下巴等致命要害處，此時左手仍應收護於左胸側，只是此時身體已隨掌擊之勢變成了面向左

圖 237

圖 238

前方的姿勢（圖 236）。

接下來，在向右側轉體而變為面向正前方的「正身馬」的同時，右掌也已變成「手刀」並準備向右後方迅速削（斬）出（圖 237）。

右掌應快速向右後方打出至臂直狀態，目的是突然打擊右後側偷襲之敵（圖 238）。

隨後將斬向右側的「右手刀」由上側劃弧並收落於面前，此時左拳則仍收護於左胸側（圖 239）。

將右掌繼續向下落於胸前心窩高度，左拳仍收護於左胸側，目視前方（圖 240）。

圖 239
圖 240

圖 241

圖 242

圖 243

然後將左拳變掌並向前伸出於右掌上側（掌心朝向右側），準備向正前方以「標指」或「打眼手」攻出，此時是兩手上下貼在一起，並且均佔據於「中線」上（圖241）。

右掌變拳並向胸側收回的同時，左指則快速向正前方攻出，記住，此時左手或者是以標指攻出、也可以是以拇指為主要發力點攻出「打眼手」（圖 242）。

將左手向上、向外翻轉 90 度，而變成掌心朝上的「攤手」動作，此時左手臂仍佔據「中線」，手臂仍須伸直不動（圖 243）。

接下來，將左掌先向內（朝面部方向）進行轉腕，也就是先轉至手心向著自己的狀態（圖 244）。

再將左手繼續向外旋轉至手指朝向外側的狀態（圖 245）。

等左手轉完一圈時成握拳姿勢，而此時上體則一直保持不動（圖 246）。

左手握拳慢慢收回至胸側位置（拳心向上），回復到「二字箝羊馬」的狀態（圖 247）。

7. 連環蕩手（後手刀）／打眼手

在正身馬的基礎上，將兩拳同時變掌，並欲將左掌向左後方斬出，右拳也同時變掌進行配合（圖248）。

圖 249 圖 250

借「左手刀」向左後方迅速削（斬）出之勢而將右掌向左側拍護於左胸前，此時身體須保持不動，並目視前方（圖 249）。

圖 251

在身體不動的情況下，將「右手刀」也迅速削（斬）向右後方，左拳也同時變掌進行配合（圖 250）。

將「右手刀」快速向右方削至與身體成一條直線為止，左掌向左側拍護於左胸前，在這裏「右手刀」後打同上面的「左手刀」後打一樣都是為了打擊來自背後的偷襲之敵，打擊的目標是對手的臉部或喉節（圖 251）。

圖 252

在身體不動的情況下，再次將「左手刀」也迅速削（斬）向左後方，右拳也同時變掌進行配合（圖 252）。

接下來，「左手刀」應迅速削

圖 253

圖 254

（斬）向左後方，直至斬至與身體成一條直線為止，並同樣須力達掌刀下緣，或呼氣以助發力，右掌則向左側拍護於左胸前，此時應目視前方（圖 253）。

隨後將斬向左側的「左手刀」由上側畫弧並收落於面前，此時右掌則變拳並收護於右胸側（圖 254）。

將左掌繼續向下落於胸前心窩高度，右拳則仍收護於右胸側，目視前方（圖 255）。

然後將右拳變掌並向前伸出於左掌上側（掌心朝向左側），準備向正前方以「標指」或「打眼手」攻出，此時是兩手上下貼在一起，並且均佔據於「中線」上（圖 256）。

圖 255

圖 256

圖 257

圖 258

圖 259

圖 260

左掌變拳並向胸側收回的同時，右指則快速向正前方攻出（圖257）。

此時右手或者是以「標指」攻出、或者是以拇指為主要發力點攻出「打眼手」，但手臂均應攻至伸直狀態（圖 258）。

將右手向上、向外翻轉 90 度，而變成掌心朝上的「攤手」動作，此時右手臂仍佔據「中線」，手臂仍須伸直不動（圖 259）。

接下來，將右掌先向內（朝臉部方向）進行轉腕，也就是先轉至手心向著自己的狀態，此時手臂仍須伸直不動（圖 260）。

再將右手繼續向外旋轉至手指朝向外側的狀態（圖 261）。

等右手轉完一圈時成握拳姿勢，而此時上體則一直保持不動（圖 262）。

右手握拳慢慢收回至胸側位置（拳心向上），回復到「二字箝羊馬」的狀態（圖 263）。

在正身馬的基礎上，將兩拳同時變掌，並欲將右掌向右後方斬出，左拳也同時變掌進行配合（圖 264）。

圖 265
圖 266
圖 267

右掌以手刀向右後方迅速削（斬）出至臂直狀態，同時將左掌向右側拍護於右胸前，此時身體須保持不動，並目視正前方（圖265）。

在身體不動的情況下，將「左手刀」也迅速削（斬）向左後方，直至斬至與身體成一條直線為止，右掌則向左側拍護於左胸前，在這裏「左手刀」後打也是為了打擊來自背後的偷襲之敵，打擊的目標仍是對手的臉部或喉節，並目視正前方（圖266）。

接下來，在身體不動的情況下，再將「右手刀」也迅速削（斬）向右後方，直至斬至與身體成一條直線為止，左掌則隨之拍護於右胸前，在這裏右手刀後削須快速、放鬆，而不可使肌肉僵硬，並同樣須力達掌刀下緣，並呼氣以助發力，並目視前方（圖267）。（圖267-1）為該動作的側面示範。

隨後將斬向右側的「右手刀」由上側畫弧並收落於面前，此時左掌則變拳並收護於左胸側（圖268）。

將右掌繼續向下落於胸前，左拳則仍收護於左胸側，目視前方（圖269）。

然後將左拳變掌並向前伸出於右掌上側（掌心朝向右側），準備向正前方以「標指」或「打眼手」攻出，此時是兩手上下貼在一起，並且均佔據於「中線」上（圖270）。

圖 271　圖 272

圖 273

圖 274

右掌變拳並向胸側收回的同時，左指則快速向正前方攻出，記住，此時右手或者是以「標指」攻出、也可以是以「打眼手」攻出，但身體則不可隨攻擊而晃動（圖271）。

將左手向上、向外翻轉 90 度，而變成掌心朝上的「攤手」動作，此時左手臂仍佔據「中線」，手臂仍須伸直不動（圖 272）。

接下來，將左掌先向內（朝臉部方向）進行轉腕，也就是先轉至手心向著自己的狀態，此時臂仍須伸直不動（圖 273）。

再將左手繼續向外旋轉至手指朝向外側的狀態（圖 274）。

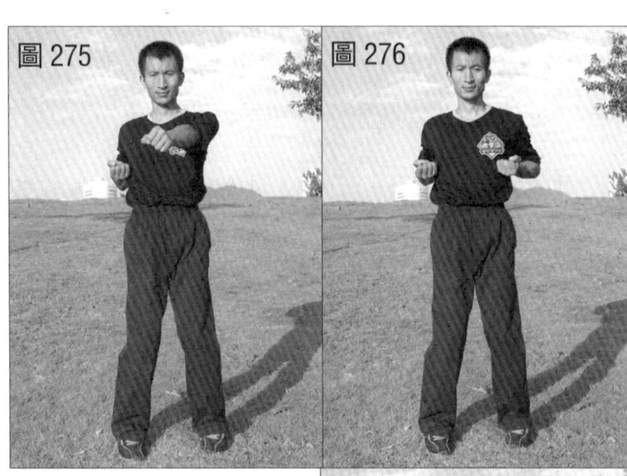

等左手轉完一圈時成握拳姿勢，而此時上體則一直保持不動（圖 275）。

左手握拳慢慢收回至胸側位置（拳心向上），回復到「二字箝羊馬」的狀態（圖 276）。

8.連續圈割手

在正身馬的基礎上，將左拳變掌並準備由「中線」向前攻出，此時右拳仍守護於右胸側，目視正前方（圖 277）。

左攤手須沿「中線」向前伸至左肘距離身體約 10 公分時為止，此時整體左手臂須壓於「中線」上，身體須保持穩固而不動（圖 278）。

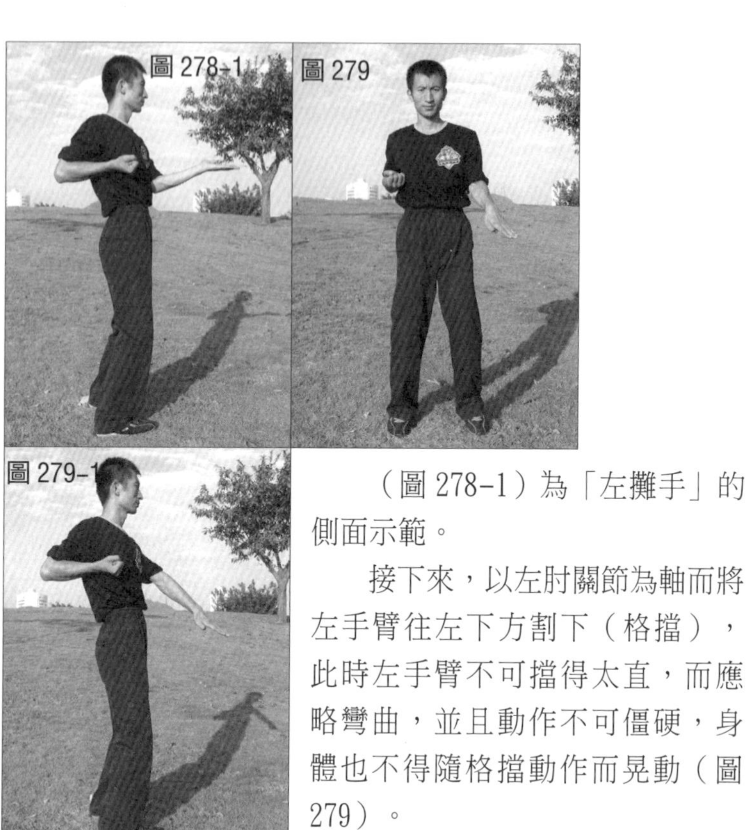

圖 278-1　圖 279　圖 279-1　圖 280

（圖 278-1）為「左攤手」的側面示範。

接下來，以左肘關節為軸而將左手臂往左下方割下（格擋），此時左手臂不可擋得太直，而應略彎曲，並且動作不可僵硬，身體也不得隨格擋動作而晃動（圖 279）。

（圖 279-1）為左手臂下擋動作的側面示範。

隨後仍使左肘不動，而僅使左前臂沿原來的路線向裏、向上擋回，變為手心向上的「攤手」，此時仍目視前方（圖 280）。

在左手變為「攤手」並略為停頓後，再次以左肘關節為軸而向左下方圈割擋下，此時仍須保持正身馬不動（圖 281）。

將左臂再按原來擋下的路線向內、向上放鬆、自然、輕快的擋回，並同樣變為手心向上的「攤手」（圖 282）。

當「攤手」略為停頓後，然後再以左肘關節為軸而向左下方圈割擋下，此時仍須保持正身馬不動（圖 283）。

隨後將左臂再按原來擋下的路線向內、向上自然、輕快地擋回，變為手心向上的「攤手」（圖 284）。

圖 285 圖 286

圖 287

圖 288

接下來將左手右轉，變為手心朝向右側的「側掌」動作（圖285），此時是左掌的手指朝向正前方。

然後將右拳變掌並向前伸出於左掌上側（掌心朝向左側），準備向正前方以「標指」或「打眼手」攻出，此時是兩手上下貼在一起，並且均佔據於「中線」上（圖286）。

左掌變拳並向胸側收回的同時，右指則快速向正前方攻出，此時右手或者是以標指攻出、也可以是以「打眼手」攻出（圖287）。

將右手向上、向外翻轉 90

度，而變成掌心朝上的「攤手」動作，此時右手臂仍佔據「中線」，手臂仍須伸直不動（圖 288）。

接下來，將右掌先向內進行轉腕，也就是先轉至手心向著自己的狀態，此時臂仍須伸直不動（圖 289）。

再將右手繼續向外旋轉至手指朝向外側的狀態（圖 290）。

等右手轉完一圈時成握拳姿勢，而此時上體則一直保持不動（圖 291）。

右手握拳慢慢收回至胸側位置（拳心向上），回復到「二字箝羊馬」的狀態（圖 292）。

在正身馬的基礎上，將右拳變掌並準備向前方攻出（圖 293）。

右掌掌心向上沿著人體「中線」向正前方打出，此時左拳仍守護於左胸側，目視前方（圖 294）。此時「右攤手」須向前伸至右肘距離身體約 10 公分時為止。

接下來，以右肘關節為軸而將右手臂往右下方割下（格擋），此時右手臂不可擋得太直，而應略彎曲，並且動作不可僵硬，身體也不得隨格擋動作而晃動（圖 295）。

隨後仍使右肘不動，而使右前臂沿原來的路線向裏、向上擋回，變為手心向上的「攤手」，此時仍目視前方（圖 296）。

在右手變為「攤手」並略為停頓後，再次以右肘關節為軸而向右下方「圈割」擋下，此時仍須保持正身馬不動（圖 297），在實戰中這種圈割手法主要用於防守。

將右臂再按原來擋下的路線向內、向上自然、輕快的擋回，並同樣變為手心向上的「攤手」（圖 298）。

當右手再次變為「攤手」並略為停頓後，然後再以右肘關節為軸而向右下方圈割擋下，此時仍需保持「正身馬」不動（圖 299）。

隨後將右臂再按原來擋下的路線向內、向上，自然、輕快地擋回，並變為手心向上的「攤手」（圖 300）。

接下來將右「攤手」左轉，變為右掌心朝向左側的「側掌」動作（圖 301），此時是右掌的手指朝向正前方。

然後將左拳變掌並向前伸出於右掌上側（掌心朝向右側），準備向正前方以「標指」或「打眼手」攻出，此時是兩手上下貼在一起，並且均佔據於「中線」上（圖 302）。

右掌變拳並向胸側收回的同時，左指則快速向正前方攻出，而且是以「標指」攻出或是以「打眼手」攻出（圖 303）。

將左手向上、向外翻轉 90 度，而變成掌心朝上的「攤手」動作，此時左手臂仍佔據「中線」，手臂仍須伸直不動（圖 304）。

接下來，將左掌先向內（朝臉部方向）進行轉腕，也就是先轉至手心向著自己的狀態，此時臂仍須伸直不動（圖 305）。

再將左手繼續向外旋轉至手指朝向外側的狀態（圖 306）。

圖 304 圖 305 圖 306 圖 307

圖 308

等左手轉完一圈時成握拳姿勢，而此時上體則一直保持不動（圖 307）。

左手握拳慢慢收回至胸側位置（拳心向上），回復到「二字箝羊馬」的狀態（圖 308）。

圖 309

圖 310

圖 310-1

9.連續耕攔手／殺頸手

在正身馬的基礎上，兩拳變掌，並同時將右掌向胸前伸出，以及將左掌向腹前伸出；此時是右掌據上，且掌心向上；而左掌則置於右掌之下，並且是掌心向下，兩手上下置於「中線」上（圖 309）。

身體不動，將兩手臂同時擋向左側，此時仍是右手臂居上，左手臂居下，並且是兩手臂上下緊緊貼在一起，以兩手臂下側的「骨鋒」發力而擋出。在實戰中，主要是以兩手臂交叉形成的「剪刀口」來「鉗」住對方攻來的掃踢腿，只要動作正確，自己的手臂是不會痛的（圖 310）。

（圖 310-1）為左側「耕攔手」的側面示範。而且從圖中可以看出已方的兩手臂像是一把張開了兩邊刃口的剪刀一般。

接下來，將兩手臂往體前收回，並且是將左手收於胸前（掌心向上），將右手收回於腹前（掌心向下），兩手臂同樣須佔據於「中線」上，身體仍須保持「正身馬」

圖 311

圖 312

圖 312-1

不動（圖 311）。

隨後，將兩手臂同時擋向右側，此時是左手臂居上，而右手臂居下，並且是兩手臂上下緊緊貼在一起，以兩手臂下側交叉所形成的「剪刀口」發力而擋出（圖 312）。

（圖 312-1）為右側「耕攔手」的側面示範。

然後再將兩手臂往體前收回，將右手收於胸前（掌心向上），將左手收回於腹前（掌心向下），兩手臂同樣須據於「中線」上，身體仍需保持「正身馬」不動（圖 313）。

圖 313

將兩手臂同時擋向左側，仍是右手臂居上，左手臂居下，兩手臂上下緊貼在一起，以兩手臂下側交叉所形成的「剪刀口」發力而擋出（圖 314），也就是設置好一個「刀口」陷阱等待對手攻入。

將兩手臂同時往身體中心線處移動，兩手臂邊往裏移動邊上抬，直至左手掌剛好居於中線上為止，此時是左手心向下，右掌則掌心向下並附在左肘關節之上（圖 315）。

然後將左手臂回抽的同時，將右掌以掌下緣的極堅硬處為著力點快速向正前方削（斬）出，目標是對手的咽喉、下巴或面門；在右掌向前果斷攻出的同時，左手臂應邊回收邊向上旋轉，轉為手心向上（圖 316）。

右掌繼續向前削出至臂直狀態，此時可呼氣以助手刀發力，左手掌則變拳並收回於左胸側守護；身體不可隨手部動作而晃動，仍目視前方（圖 317）。

將右手向上、向外翻轉 180 度，而變成掌心朝上的「攤手」動

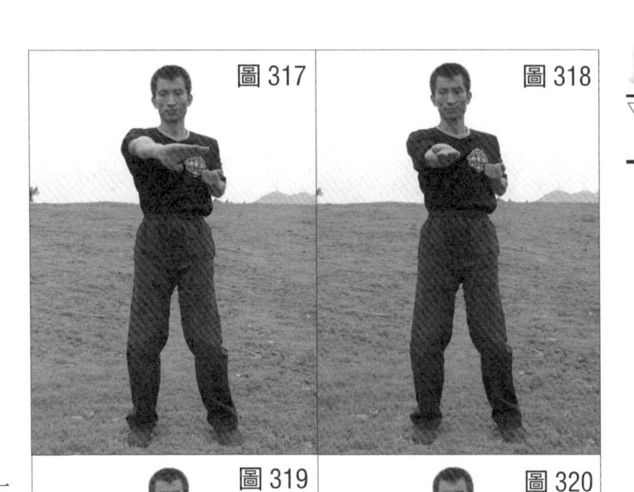
圖 317 圖 318 圖 319 圖 320

作，此時右手臂仍佔據「中線」，手臂仍須伸直不動（圖318）。

接下來，將右掌先向內（朝臉部方向）進行轉腕，也就是先轉至手心向著自己的狀態，此時手臂仍須伸直不動（圖319）。

再將右手繼續向外旋轉至手指朝向外側的狀態（圖320）。

等右手轉完一圈時成握拳姿勢，而此時上體則一直保持不動（圖321）。

圖 321

圖 322

圖 323

圖 324

右手握拳慢慢收回至胸側位置（拳心向上），回復到「二字箝羊馬」的狀態（圖 322）。

在正身馬的基礎上，兩拳變掌，並同時將左掌向胸前伸出，以及將右掌向腹前伸出；此時是左掌居上（掌心向上）；而右掌則置於左掌之下，並且是掌心向下，兩手上下置於「中線」上（圖 323）。

將兩手臂同時擋向右側，此時仍是左手臂居上，而右手臂居下，並且是兩手臂上下緊緊貼在一起，以兩手臂交叉所形成的「剪刀口」發力而擋出（圖 324）。

接下來，將兩手臂往體前收回，並且是將右手收於胸前（掌心向上），將左手收回於腹前（掌心向下），兩手臂同樣須佔據於「中線」上，身體仍須保持「正身馬」不動（圖 325）。

將兩手臂同時擋向左側，此時仍是右手臂居上，左手臂居下，兩臂緊貼在一起。以兩臂下側由交叉形成的「剪刀口」發力而擋出（圖 326）。

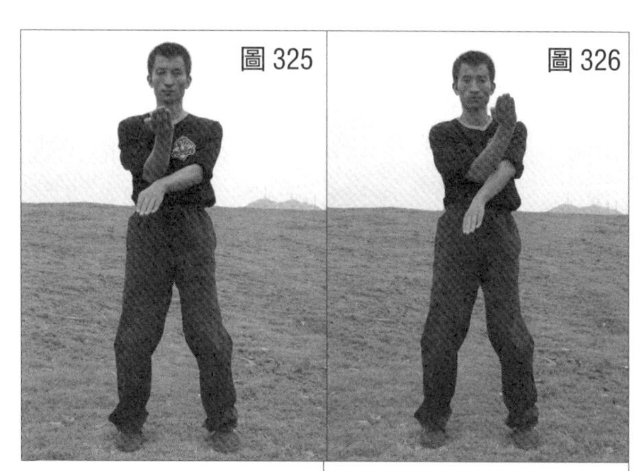
圖 325 圖 326

圖 327

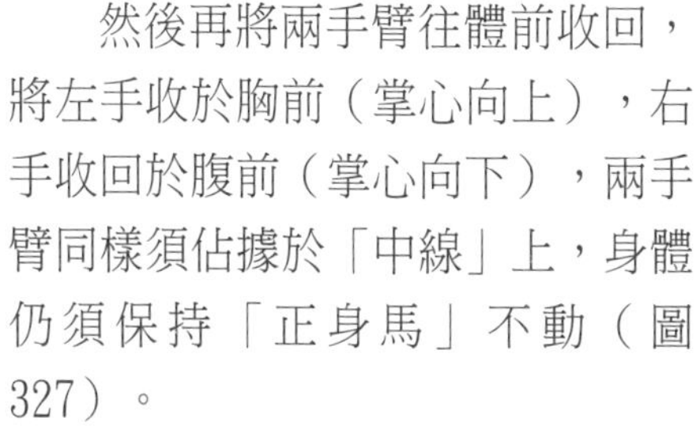

然後再將兩手臂往體前收回，將左手收於胸前（掌心向上），右手收回於腹前（掌心向下），兩手臂同樣須佔據於「中線」上，身體仍須保持「正身馬」不動（圖 327）。

圖 328

將兩手臂同時擋向右側，此時仍是左手臂居上，右手臂居下，兩手臂上下緊緊貼在一起，以兩手臂下側交叉所形成的「剪刀口」發力而擋出（圖 328），也就是設置好一個「刀口」陷阱，等待對手攻入。

圖 329

圖 330

圖 331

接下來，將兩手臂同時往身體「中心線」處移動，並將兩手臂邊往裏移動邊上抬，直至右手掌剛好佔據於「中線」上為止，此時是右手心向下，左掌則掌心向下並附在右肘關節之上（圖 329）。

然後將右手臂回抽的同時，將左掌以掌下緣的極堅硬處為著力點快速向正前方削（斬）出，目標是對手的咽喉、下巴或面門；在左掌向前果斷攻出的同時，右手臂應邊回收邊向上旋轉，而轉為手心向上（圖 330）。

左掌繼續向前削出至臂直狀態，此時可呼氣以助「左手刀」發力，右手掌則變拳並收回於右胸側守護；身體不可隨手部動作而晃動，仍目視前方（圖 331）。

將左手向上、向外翻轉 180 度，而變成掌心朝上的「攤手」動作，此時左手臂仍佔據「中線」，手臂仍須伸直不動（圖 332）。

接下來，將左掌先向內（朝面部方向）進行轉腕，也就是先轉至手心向著自己的狀態，此時手臂仍須伸直不動（圖 333）。

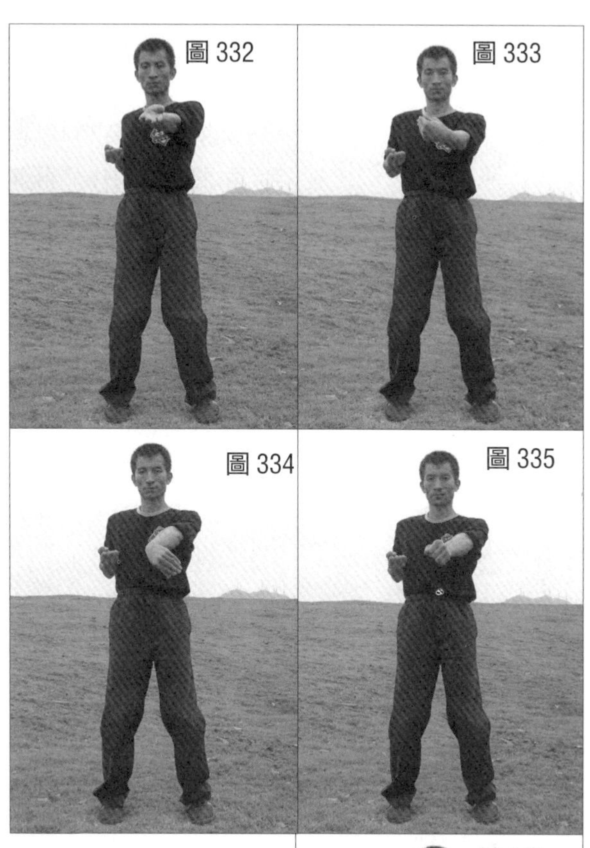

再將左手繼續向外旋轉至手指朝向外側的狀態（圖 334）。

等左手剛好轉完一圈時成握拳姿勢，而此時上體則一直保持不動（圖 335）。

左手握拳慢慢收回至胸側位置（拳心向上），回復到「二字箝羊馬」的狀態（圖 336）。

圖 337

圖 338

圖 338-1

10.滾手／拍手沖拳／雙沖拳

在正身馬的基礎上，兩拳變掌並向體前伸出，此時是左手在上（手心向上），右手在下（手心斜向下），目視前方（圖 337）。

將左手繼續前伸並向上、向外進行翻轉，從而向「攤手」過渡；右手也繼續向內、向下滾動成手心斜向下之「滾手」，也就是說兩手是同時做動作的（圖 338）。

（圖 338-1）為「右滾手」動作的側面示範。

接下來，將右手向上翻起而變為手心向上，左手則下轉而轉為手心向下，此時兩手仍佔據於體前「中線」，以對正面要害形成良好的保護（圖 339）。

將右手繼續前伸並向上、向外進行翻轉，從而完成「攤手」動作，左手則向內、向下轉腕，變成手心斜向下的「滾手」動作（圖 340）。

隨後，將左手向上翻起而變為手心向上，右手則同時下轉而轉為手心向下，此時兩手仍佔據於體前

「中線」，以對正面要害形成良好的保護（圖 341）。

將左手繼續前伸並向上、向外進行翻轉，從而完成「攤手」動作，右手則向內、向下轉腕而變成手心斜向下的「滾手」動作（圖 342）。

接下來，將「左攤手」變成拳並置於體前「中線」處，右手也應變為手心向下的「按掌」動作，此時仍須目視前方（圖 343）。

圖 344

圖 344-1

圖 345

在右手沿體前「中線」向下拍落的同時，左「日字沖拳」也應放鬆、快速地打向正前方，目標是對手的面門或下巴，並仍須由「中線」果斷打出，身體應保持「正身馬」不動（圖 344）。

（圖 344-1）為「拍手左沖拳」的側面示範。

然後，將雙手向左腰側略收回蓄力，此時右掌也應變為拳，身體可略左轉，目視前方以盯緊對手的任何變化（圖 345）。

再將雙拳向前攻出，而且是先向前移向「中線」，再沿「中線」向正前方迅速攻出，此時是左右拳上下同時攻出（圖 346）。

雙臂放鬆，只有在雙臂打直的瞬間才將拳力果斷發出，或者說只有在拳頭接觸目標前的瞬間才可將力道發出，以便做到「力無虛發」，若距離目標太遠就發力的話，一旦對手避過，則己方就很難收力而由此失去重心。在這裏，可呼氣以助雙拳發力（圖 347）。

（圖 347-1）為「雙手沖拳」的側面示範，從圖中可以看到在出

圖 346 圖 347 圖 347-1 圖 348

拳的同時，肩應有向後「揺」的動作，以便使拳頭能打出「震盪力」來。

在拳力發盡後，雙拳應同時內轉，而轉為兩拳心向下，此時是左拳在上，右拳在下，並使兩前臂幾乎貼緊，應目視前方以留意對手的任何變化（圖 348）。

將兩拳貼緊向內，也就是向胸部貼近並向上翻轉（圖 349）。

圖 349

圖 350

圖 351

圖 352

並逐漸使兩臂向上翻為右前臂在外，並且兩拳心斜向上的姿勢，此時眼睛仍須盯緊前方（圖350）。

將兩拳緩緩收回於兩胸側，準備再進行下一輪攻擊（圖 351）。

在正身馬的基礎上，兩拳變掌並向體前伸出，此時是右手在上，左手在下，並且應將右手繼續前伸並向上、向外進行翻轉，從而向「攤手」過渡，目視前方（圖352）。

在右手完成「攤手」動作的同時，左手也繼續向內、向下滾動成手心斜向下的「滚手」，即兩手是同時做動作的（圖 353）。

接下來，將左手向上翻起而變為手心向上，右手則同時下轉而轉為手心向下，此時兩手占仍據於體前「中線」，以對正面要害形成良好的防護（圖 354）。

將左手繼續前伸並向上、向外進行翻轉，從而完成「攤手」動作，右手則向內、向下轉腕而變成手心斜向下的「滚手」動作（圖355）。

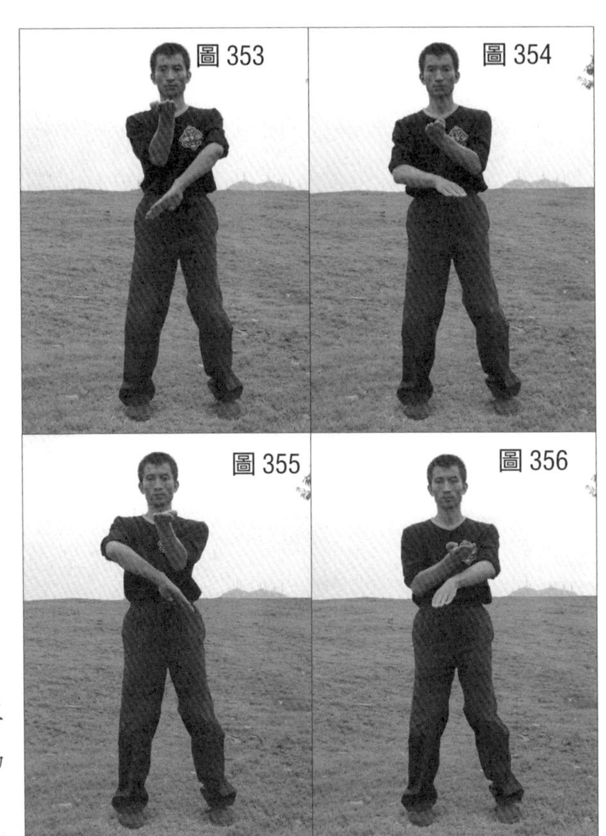

隨後，將右手向上翻起而變為手心向上，左手則下轉而轉為手心向下，此時兩手仍佔據於體前「中線」，以對正面要害形成良好的防護（圖 356）。

將右手繼續前伸並向上、向外進行翻轉，從而完成「攤手」動作，左手則向內、向下轉腕而變成手心向下的「滾手」動作（圖 357）。

圖 358

圖 359

圖 360

接下來，將「右攤手」變成拳並置於體前「中線」處，左手也應變為手心向下的「按掌」動作，此時仍須目視前方（圖 358）。

在左手沿體前「中線」向下拍落的同時，右「曰字沖拳」也應放鬆、快速地打向正前方，目標是對手的面門或下巴（也可用來打擊對手胸部要害），並仍須由「中線」果斷打出，身體應保持「正身馬」不動（圖 359）。

然後，將雙手向右腰側收回以蓄力，此時左掌也應變為拳，身體可略右轉，目視前方以盯緊對手的任何變化（圖 360）。

再將雙拳向前攻出，而且是先向前移向「中線」，再沿「中線」向正前方迅速攻出，此時是左右拳上下同時攻出（圖 361）。

雙臂放鬆，只有在雙臂打直的瞬間才將拳力果斷發出，或者說只有在拳頭接觸目標前的瞬間才可將力道發出，以便做到「力無虛發」。此時可呼氣以助雙拳發力（圖 362）。

在拳力發盡後，雙拳應同時內

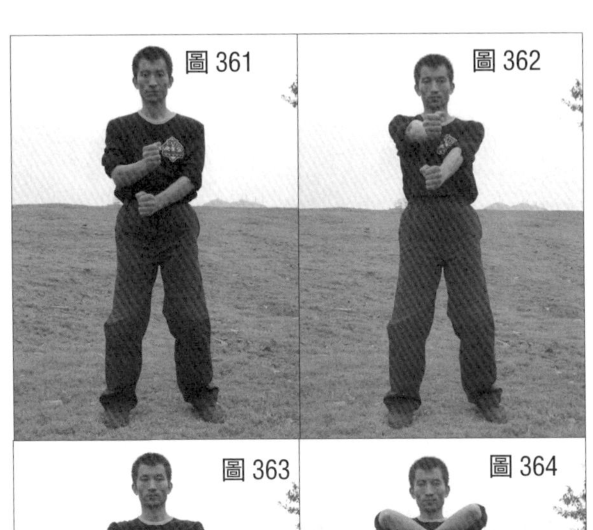
圖 361 圖 362 圖 363 圖 364

轉，而轉為兩拳心向下，此時是右拳在上，並使兩前臂幾乎貼緊，目應視前方以留意對手的任何變化（圖 363）。

將兩拳貼緊向內、也就是向胸部貼近並向上翻轉（圖 364），此時兩臂應放鬆進行旋轉。

並逐漸使兩臂向上、向內翻為左前臂在外，並且兩拳心斜向上的姿勢，此時眼睛仍須盯緊前方（圖 365）。

圖 365

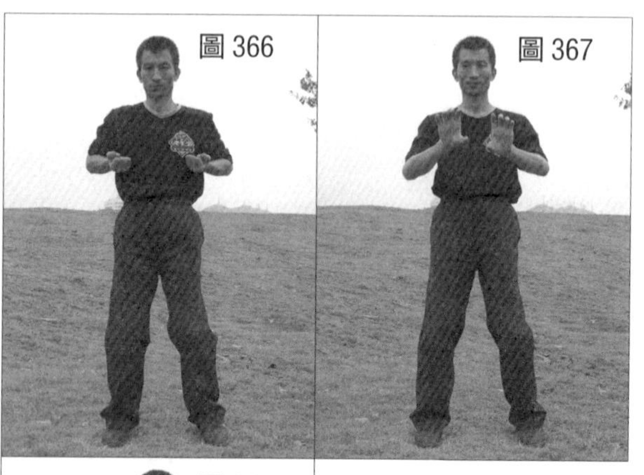
圖 366　圖 367

圖 368

圖 368-1

將兩拳緩緩收回於兩胸側，準備再進行下一輪攻擊（圖 366）。

11. 抓手捽／沖拳

在正身馬的基礎上，兩拳變掌並向體前抓出，此時兩手心向前，而且兩手是平行的，也是放鬆並快速得向前抓出，目視前方（圖 367）。

兩手應向前抓至臂直狀態，意念中可以抓對手的衣領、雙肩或雙臂等，而且要抓牢（圖 368）。

（圖 368-1）為雙手前伸抓敵的側面示範。

接著，在迅速向左後方轉腰的同時，將兩手也猛力向左後方甩

出，此時仍目視前方（圖 369）。

記住，此時是兩手同時發力向左後方猛力甩出，而且兩手應向左後方甩至極限，但此時不可影響或破壞到身體重心與平衡（圖 370）。

隨後，將兩手握拳，並在右拳收回到右胸側的同時，左拳也已移至「中線」，並向正前方攻出，此時身體須保持「正身馬」不動（圖 371）。

在呼氣發力的同時，將左拳打直，而且是放鬆的打出，此動作主要是在「抓手摔」未能取得決定性效果時的一種補助性打擊手段，此時仍須目視前方（圖 372）。

圖 373

圖 374

圖 375

圖 376

將左手向上、向外翻轉 90 度，而變成掌心朝上的「攤手」動作，此時左手臂仍佔據「中線」，手臂仍須伸直不動（圖 373）。

接下來，將左掌先向內（朝臉部方向）進行轉腕，也就是先轉至手心向著自己的狀態，此時手臂仍須伸直不動（圖 374）。

再將左手繼續向外旋轉至手指朝向外側的狀態（圖 375）。

等左手轉完一圈時成握拳姿勢，而此時上體則一直保持不動（圖 376）。

左手握拳慢慢收回至胸側位置，回復到「二字箝羊馬」的狀態（圖 377）。

在正身馬的基礎上，兩拳變掌

圖 377

圖 378

圖 379

圖 380

並向體前抓出，此時兩手心向前，並且是放鬆、快速地向前攻出，目視前方（圖 378）。

兩手應向前抓至臂直狀態，意念中可以抓對手的衣領、雙肩或雙臂等，而且要抓牢（圖 379）。

圖 381

接下來，在迅速向右後方轉腰的同時，將兩手也猛力向右後方甩出，此時仍目視前方（圖 380）。

記住，此時是兩手同時發力向右後方猛力甩出，而且兩手應向右後方甩至極限，但不可影響或破壞到身體重心（圖 381）。

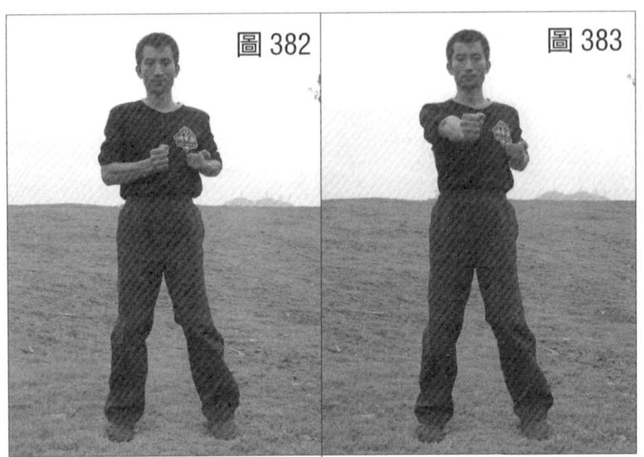
圖 382　圖 383

圖 384

圖 385

隨後，將兩手握拳，並在左拳收回到左胸側的同時，右拳也已移至「中線」，並向正前方攻出，此時身體須保持「正身馬」不動（圖 382）。

在呼氣發力的同時，將右拳打直，而且是放鬆、快速的打出，目標是對手的臉部或頭部要害處，此時仍須目視前方（圖 383），本動作主要是作為一種補助性打擊手段來運用。

將右手向上、向外翻轉 90°，而變成掌心朝上的「攤手」動作，此時右手臂仍佔據中線，手臂仍需伸直不動（圖 384）。

接下來，將右掌先向內（朝臉

圖 386　圖 387

部方向）進行轉腕，也就是先轉至手心向著自己的狀態，此時手臂仍須伸直不動（圖 385）。

再將右手繼續向外旋轉至手指朝向外側的狀態（圖 386）。

等右手轉完一圈時成握拳姿勢，而此時上體則一直保持不動（圖 387）。

圖 388

右手握拳慢慢收回至胸側位置，回復到「二字箝羊馬」的狀態（圖 388）。

12.鞠躬護頸手／連環沖拳

在正身馬的基礎上，先將兩膝內箝而使重心下降，此時上體姿勢不變（圖 389）。

圖 389

圖 390

圖 391

圖 392

圖 393

接下來，向前躬身並低頭，並使兩拳變掌並由頭部兩側向上舉起（圖 390）。

在保持兩膝內箝及重心下降的基礎上，將兩手貼著頸部拉下來，此動作主要用於在實戰中被對手以雙手箍住頸部時的一種解脫方法（圖 391）。

在雙手由頸部兩側向下拉至胸前時，頭部應向上抬起，也就是起身準備進行反擊（圖 392）。

將兩膝略伸直而恢復「二字箝羊馬」的同時，兩掌也變拳並已收到胸前「中線」，準備以連環沖拳進行具有摧毀性的連續重擊（圖 393）。

右手應從左腕上側快速、放

圖 394　圖 395

鬆、準確地打出，此時左拳應守護於右肘關節處，以做好進行連續重擊的準備（圖 394）。

接下來，在右拳回收的同時，速將左拳從右腕上側敏捷地攻出，此時兩手均「壓」於中線上（守中用中），目視前方（圖 395）。

圖 396

左手應快速、放鬆、準確地打出，並須在手臂打直的瞬間才將力果斷發出（是為了發揮「寸勁」的效用），此時右拳應守護於左肘關節處，以做好進行連續重創的準備（圖 396）。

圖 397

接下來，在左拳回收的同時，再速將右拳從左腕上側迅速攻出，此時兩手均應「壓」於中線上（守中用中），目視前方（圖 397）。

圖 398

圖 399

圖 400

圖 401

右手應果斷、連貫、快速、放鬆的打出，此時左拳應守護於右肘關節處，以做好進一步連續攻擊的準備（圖 398）。

接下來，在右拳回收的同時，速將左拳從右腕上側快速攻出，此時兩手均應「壓」於中線上（守中用中），目視前方（圖 399）。

左手應快速、放鬆、準確地打出，並須在手臂打直的瞬間才將力果斷發出，此時右拳應守護於左肘關節處，以做好進行連續重創的準備（圖 400）。

接下來，在左拳回收的同時，再速將右拳從左腕上側果斷攻出，此時兩手同樣須「壓」於中線上

（守中用中），目視前方（圖 401）。

右手應準確、連貫、快速、強勁的打出至臂直狀態，此時左拳則收護於左胸側（圖 402），至此整個「連環沖拳」動作（五拳）已全部打完。

將右手向上、向外翻轉 90 度，而變成掌心朝上的「攤手」動作，此時右手臂仍佔據「中線」，手臂仍需伸直不動（圖 403）。

接下來，將右掌先向內（朝面部方向）進行轉腕，也就是先轉至手心向著自己的狀態，此時右臂仍須伸直不動（圖 404）。

再將右手繼續向外旋轉至手指朝向外側的狀態（圖 405）。

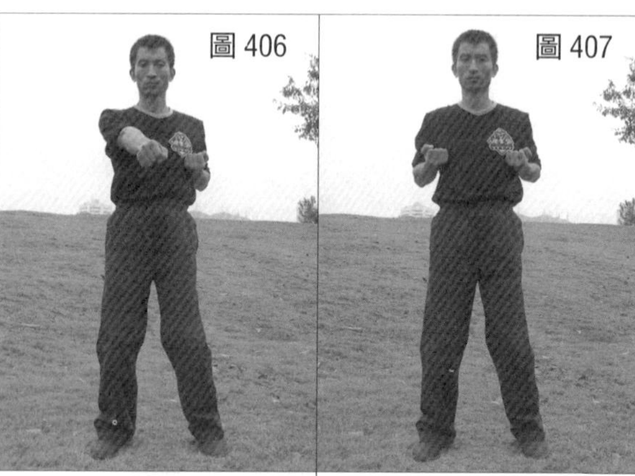

圖 406 圖 407

圖 408

圖 409

等右手轉完一圈時成握拳姿勢，而此時上體則一直保持不動（圖 406）。

右手握拳慢慢收回至胸側位置，回復到「二字箝羊馬」的狀態（圖 407）。

再將兩腳向內側移動併攏，準備「收拳」（圖 408）。

將兩拳沿著身體兩側放下而還原到自然站立姿勢（圖 409），至此全套「標指」已全部打完。

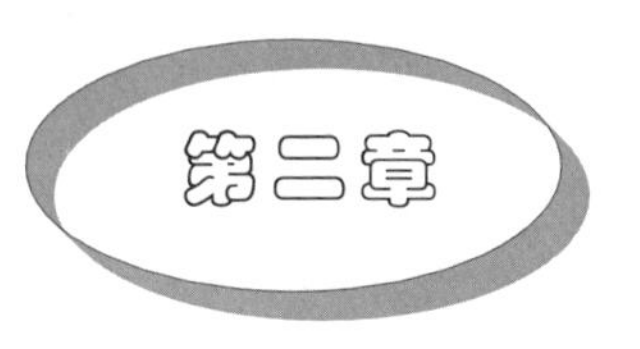

詠春拳高級標指實戰拆解

眾所周知，「標指」是詠春拳中的看門拳法，非入室弟子均無緣學得此絕藝。不過，如今社會昌明，已經沒有收起來的絕技了，現將本套拳法的實戰運用技巧從頭至尾講解出來，供立志弘揚武學者及軍警人員參考與研修。但所有練習者均應以武德為先，要知道武學是一種用來逐步完善自己的方法，換言之，武學修養的最高境界是「以武入哲」，而不是為了培訓好勇鬥狠之徒，謹記之。

（在這裏，並未按套路的順序來講解「標指」的實戰動作，因為「水無常形，招無定式」，關鍵是看你自己的臨場發揮）。

第一節　「三搖頭」的運用

可能很多人對「三搖頭」的理解以為是用來活動腕關節的，其實它是一種用來解脫手腕被抓的絕佳方法。同時它還是用來鍛鍊腕力的有效手段之一，並對後面的「寸勁拳」的修習有極大的輔助作用。

「三搖頭」在實際運用中具體有以下幾種戰例：

戰例示範一：
解脫對方右手抓我右腕

當對方用右手牢牢抓住我右手腕時（圖 410）；

我可先將右手略下沉，使對手誤以為我要將手往下掙脫，但此時我卻突然把手腕上翹，而將右手背貼住對方手背（圖 411）；

然後以手掌下沿向右下方猛然切壓對方手腕背側，必將其抓握動作解脫（圖 412）。

要求：我的動作要連貫、突然，要以我的手腕下沿猛力切壓對方手腕下沿，以便迅速解脫對方抓拿。

戰例示範二：
拍手沖拳解脫對方右手抓右腕

當對方用右手牢牢抓住我的右手腕時（圖413）。

我可先將右手略下沉，隨後再突然把手腕上翹（圖414），並將右手刀下沿貼住對方手刀下沿，向右下方猛力切壓對方手腕。

若此時對方的臂力相當強大，我未必能解脫出右手時（圖415）。

圖413
圖414
圖415

圖 416
圖 417
圖 418

我可在將右手順勢向右後方突然發力拽拉的同時，速將左手攻出去拍擊對方右前臂外側（圖 416），此時對手必將右手鬆開。

對方將右手鬆開的瞬間，我應疾將右手握拳並果斷沿「中線」快速擊向對方面門（圖 417）。

給對方以意想不到的致命打擊（圖 418）。

要求：右手反切對手手刀（或手背）下切要快，右手後拉要突然、有力（但須控制好重心）；左手拍擊其前臂要準確、及時；右手須在左手拍擊敵臂的同時便須有效地打出。整套動作須一氣呵成，不可脫節。

戰例示範三：
解脫對方左手抓我右腕

當對方用左手牢牢抓住我右手腕時（圖 419）。

我可先將右手略下沉，使對手誤以為我要將手往下掙脫，以及由此來減輕對方的抓握力道，此時可配合將右手手心轉為略向下（圖 420）。

接下來我右手繼續由下方向對方左手外側移動，使虎口對準對方手腕外側部位（圖 421）。

圖 419
圖 420
圖 421

然後右手突然發力而反抓對方左手腕（圖422）。

我右手猛然用力向自己的左下方拉壓對方左手臂，將對方擒服（圖423）。這是詠春拳中一個經典的反擒拿動作。

要求：己方的右手下沉動作要突然，向外轉腕要連貫，反抓對方腕快如閃電。

戰例示範四：解脫對方右手抓我右腕

當對方用右手牢牢抓住我右手腕時（圖424）。

我可先將右手略下沉，使對手誤以為我要將手往下掙脫，但此時我卻突然握拳並將手腕上翹，而將右手背貼住對方手腕下沿（圖 425）。

然後將右拳猛力回拉的同時，閃電般地向正前方攻出左沖拳（圖 426），目標是對手的面門致命要害處。

我的快速、兇狠的左沖拳重擊不僅可把自己的右手完全解脫出來，還可由此擊昏或擊倒對手（圖 427）。

本招法主要用於解脫較為強壯對手的抓拿，是一種簡單、直接的「以打代拿」的解脫術。

要求：我的右拳後拉動作與左拳前擊動作應幾乎在同一時間內完成，攻其以措手不及，左拳應沿「中線」迅速攻出。

圖 425
圖 426
圖 427

圖 428

戰例示範五：解脫兩個人右手抓我右腕

當兩名對手分別用右手牢牢抓住我右手腕時（圖 428）。

圖 429

我可先將右手略下沉，使對手誤以為我要將手往下掙脫（圖 429）；

圖 430

接下來我在向前進右步的同時突然將右手腕上翹，而將右手下沿貼住對方手刀下沿（圖 430）；

然後在右腳迅速向右後方撤一小步的同時，將右手掌下沿向右下方猛力切壓對方手腕背側（圖431），以反關節原理迫使對手鬆手。

如果此時想進一步制伏對手，可將右手繼續向自己的右後（下）方用力切下或拽下（圖432）；

將兩名對手的手掙脫並將其於瞬間摔翻在地（圖433）。此動作簡單實用，注重的是技巧的靈活運用。熟練後可以掙脫三到四個對手的強力抓握。

要求：己方的動作要連貫，突然。進右步須與右手上翹動作配合好，退右步須與右手掌下切或後拽配合好，整套動作一氣呵成。

圖431
圖432
圖433

第二節　肘法的運用

肘尖部的鷹嘴骨為人體最堅硬的骨頭，在技擊中詠春拳手多用此處來重創對手的頭骨、頸部及胸部等致命要害處，而且一旦命中，戰鬥當可立即結束，可謂「立竿見影」的高度殺傷性武器。正因為如此，武術中才有「寧挨十手，不挨一肘」的說法。肘法為近身搏擊中最為犀利的高度破壞性武器，不諳肘法之運用者，絕無法真正步入詠春高手之列。

圖 434
圖 435

詠春拳「標指」中的肘法共有 3 種不同的打擊角度，現將其具體實戰運用情況綜合講解如下：

戰例示範一：

格擋接連續肘法反擊

對方搶先發起攻擊，並突發右手擺拳向我頭部重重擊來（圖 434）；

我應沉住氣，以把握最佳時機（圖 435）；

當對方的拳頭在打到我面前的瞬間，我可疾用右手由左向右去格擋對方手臂外側，也就是借著對手的打擊慣性去順勢格擋（圖 436）；

我右手在順勢向右後方牽拉對手右腕的同時，揮起左肘準備攻向其頭部左側致命空檔處（圖 437）；

我左肘應不失時機地重重命中對方頭部要害處，此時可以是由上向下劈肘，也可以由 45 度角處斜劈下來，或以橫擊肘水平打擊（圖 438）；

圖 436
圖 437
圖 438

圖 439
圖 440
圖 441

接下來，可在用左手控制住對方手臂的同時，迅速揮起右肘準備進行連續重創（圖 439）；

右肘應果斷擊向對方頭部右側致命空檔處（圖 440）；

為了最終制伏對手，可再次用右手封住對方手臂以防其逃脫或反擊，並準備攻出左肘（圖 441）；

最終，再將左肘狠狠擊向對方頭部左側要害處（圖 442），將其擊昏或擊倒在地。

要求：右手應順勢撥開對方右手的重拳攻擊，並在向右後方用力牽拉其右臂的同時，果斷向前打出左肘，接下來的連續肘法反擊要迅速、及時、強勁，不給對方以喘息或脫身之際。

戰例示範二：

沖拳接順勢肘擊接手刀連擊

我先發起攻擊並用右拳攻向對方頭部（圖 443）；

此時對手必用手進行拍防，當對手用其前手向裏格擋我方前臂時（圖 444）；

圖 442
圖 443
圖 444

圖 445

我應借著對手的格擋之力而順勢將右臂屈曲，也就是借勢近身逼近對手，並準備向對方頭部攻出右橫擊肘（圖445）；

圖 446

右肘應迅速、果斷的擊向對手頭臉部致命要害處，以攻其措手不及（圖 446）；

圖 447

右肘無論擊中對手與否，都須迅速用左手抓緊對手的其中一隻手臂並準備用右手刀向前攻出（圖 447）；

在左手向我左後方猛力後拉對方手臂的同

時，閃電般地向對手的右頸側攻出兇狠的右橫劈掌（圖 448），予其以足以致命的創擊。

在上述情況下，無論我的右掌擊中其頸部與否，對方都會用其右手去格擋我的右手臂（圖 449）；

這時我可在突然用右手猛力向右後方牽拉其右前臂的同時，迅速向前攻出左沖拳去狠擊對手面門（圖 450）。

圖 448
圖 449
圖 450

要求：右沖拳後的右肘連擊要連貫、迅速、準確；右手刀反劈要兇猛，並須與左手後拉其臂的動作配合好；最後一記左沖拳重擊要敏捷、強勁，整套動作須一氣呵成。

第三節 「耕攔手」的運用

本招法又叫「鉸剪手」，是詠春拳中專門用來對付對方腿法重擊的良招，特別是用來對付泰拳的經典腿法「橫掃腿」和散打殺招「邊（鞭）腿」堪稱一絕。此動作在運用時是兩臂上下張開，如鐵剪張開，受力點是兩前臂之下側最為堅硬的骨頭，因此，如果招式運用正確，不但可用來破壞對手的攻擊招式，並且可由此損傷對手的脛骨或小腿，所以屬於一種高度破壞性的防禦手段。當你有效攔擋住對手的重擊後，可再乘機向前發力並淩空摔翻對手，「鉸剪手」乃詠春拳中之制敵名招。

圖 451

耕攔（鉸剪）手在實戰中可作如下運用：

圖 452

戰例示範一：
耕攔手正面反擊對方橫掃腿

對方搶先發起攻擊，用右橫掃腿向我中盤重重攻來（圖 451）；

我可靜觀其變，以便把握最佳戰機（圖 452）；

將右臂左移以及將左臂下擋，從而變成右手在上、左手朝下的「鉸剪手」姿勢，並由此格擋住對手的右腿重踢（圖 453）；

接下來，將左手臂迅速向上翻轉而變為手心向上並托住其小腿，右手則變掌並準備向前直劈對手頭頸空檔處（圖 454）；

隨後，在右腳迅速向前上步並插入對方「中門（襠內）」以控制對手重心的同時，將右掌下側向對手右側頸部狠狠劈（斬）出，左手則配合右掌橫斬的動作而猛然上托對方右腿，使對手因突然失重而淩空飛出（圖 455、

圖 453
圖 454
圖 455

圖 456
圖 457
圖 458

456）；

我是以身體快速前沖的慣性、右腿前插破壞對手根基之力、右掌橫劈之勢、加上左手上托（掀）之整體合力將對手摔（打）翻出去的（圖457）。

要求：我針對對手的橫掃重踢所發出的「剪手」格擋動作要準確、及時，接下來的翻手抱腿（指左臂）與進步劈面（右手）等動作需配合良好，整套動作一氣呵成，制敵於瞬間。

戰例示範二：
耕攔手側面反擊對方橫掃腿

對方搶先發起攻擊，仍用其右橫掃腿向我方中盤重重攻來（圖458），我方可靜觀其變，以便把握最佳戰機（圖459）；

隨後速將右臂左移以及將左臂下擋，而變成右手在上、左手朝下的「耕攔手」姿勢，並由此格擋住對手的右腿重踢（圖460）；

接下來，將左手臂迅速向上翻轉而變為手心向上並托住敵小腿，右手則變掌並準備向對手頭部右側或頸部右側劈出（圖461）；

在右腳迅速向前上步並封於對方支撐腳的同時，將右掌橫著快速劈（斬）向對手頭或頸部右側，而且無論劈中與否，都應順勢按住對方後頸以控制住其頭部，左手則配合右掌橫斬的動作而猛然

圖459

圖460

圖461

圖 462

圖 463

圖 464

上托對方右腿，使對手向我右側凌空摔出（圖462）；

右手繼續用力向自己的右下側猛力下拉對方頭部，左手則繼續猛力上托（掀）對方右腿，右腳則封住對手支撐腳不動，從而借用猛然向右方轉腰的動作而將對手重重摔向我的右後側（圖463）。

記住，我是用全身整體合力將對手摔翻於身體右側或右後側的（圖464）。

要求：本招法與前面所述招法的區別是，前面的招法是向正前方將對手打（摔）飛出去，而本招法則是橫著向自己右側將對手凌空摔出，一定要用兩手、腰勁及進右步之整體合力快速摔翻（制伏）對手。

第四節　拍手沖拳的運用

拍手沖拳是標指中最為直接、簡捷、兇狠的反擊招式，也是傳統詠春拳中的代表性動作之一。多在拍開對手攻擊的同時，速以沖拳反擊對手，然後再把握住時機以雙拳連環攻出，以徹底摧毀對手的戰鬥力。

拍手沖拳在實戰中可作如下運用：

戰例示範一：
拍手沖拳／雙沖拳反擊

對方搶先發起攻擊，用右拳向我中盤重重攻來（圖 465），

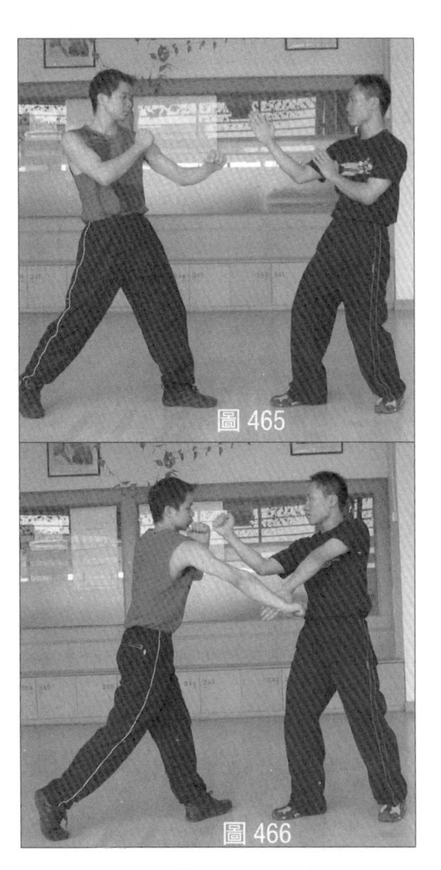
圖 465
圖 466

我速用左手由上向下（從「中線」向下）拍擋對手右手臂內側，用以化解其攻擊並使其偏離原來的攻擊路線，同時將右沖拳果斷向前方打出，目標是對手的下巴或心窩等致命要害處（圖 466）；

圖 467

圖 468

圖 469

右沖拳是放鬆並沿「中線」直接攻出對手下巴的（圖 467）；

右沖拳無論得手與否，都應將右腳迅速向前插入敵方「中門（襠內）」以控制住對手的重心與進退，此時雙拳也已蓄好力並準備向前重重打出（圖 468）；

雙拳應沿直線閃電般地向正前方攻出，其中右手在上，去重擊對手的下巴或胸部，左手在下，去狠擊對手的腹部或心窩（圖 469）；

要借身體與步法的迅猛的衝撞力而將雙拳準確打出，以便將對手凌空打飛出去（圖 470）。

要求：左手下拍對手右臂內側須與右沖拳擊臉同步打出，以便使對手無暇做出反應；接下來的右腳前插一定要快，不能暴露意圖；雙拳應準確、果斷、有力地打出，並充分發揮強勁的腰力與利用迅猛的前沖慣性去重創對手。

戰例示範二：
連續拍手／沖拳反擊／雙沖拳連擊

對方搶先發起攻擊，用右拳向我上盤重重攻來（圖 471），

我速用左手由外向內進行拍擋，也就是去拍擋其右手臂外側，用以化解其攻擊（圖 472）；

圖 470
圖 471
圖 472

圖 473
圖 474
圖 475

如未等我出拳反擊，對手又連續以其左沖拳向我上盤攻來時，我可速用右手由外向內快速拍擋其左手臂外側，用以化解其重擊（圖 473）；

接下來，不待對手將其左手收回，我早已將左手由自己右手下側快速伸出，並準備從對手左手臂外側去抓握其左腕（圖 474）；

我在左手抓牢對方左腕後應快速向自己的左下側猛力牽拉其左臂，以迫其失去重心平衡（圖 475）；

同時要不失時機地向對手頭、臉部狠狠攻出右沖拳（圖 476）；

圖 476

在左手用力後牽對手手臂的同時，右重拳也早已準確地擊中了對手上盤要害處（圖 477）；

圖 477

隨後，迅速將右腳向前上步以充分貼近對手的同時，用右前臂突然向下發力磕打其左大臂或肘關節，用以降低對手的防護能力，為下一步的雙拳同時沖擊作好準備（圖 478）；

圖 478

圖 479
圖 480
圖 481

接下來，將雙拳略後收以蓄力（圖 479）；

然後將雙拳果斷向前攻出，而且是同時向前快速攻出，其中右手在上去重擊對手下巴、咽喉或胸部，左手在下去狠擊對手腹部或心窩，將對手凌空打飛出去（圖 480）；

要借身體與步法的迅猛的衝撞力而將雙拳閃電般打出，以徹底摧毀對手的一切戰鬥力並將其制伏（圖 481）。

要求：左右手的連續拍擊動作要快速而使用力恰到好處；左手反抓敵腕及用力下拉要連貫、有力，右拳反擊敵頭部要準確、及時；接下來的右腳進步須與雙拳打擊配合好，要借身體與步法的強猛的衝撞慣性將對手重重打飛出去。

戰例示範三：
格擋拉手接雙沖拳連擊

圖 482
圖 483
圖 484

對方搶先發起攻擊，並用右拳向我上盤重重攻來（圖 482），

我速用右手由外向內進行快速拍擋，也就是用手背或手刀下沿去拍擋對手右手臂外側，用以化解其攻擊（圖 483）；

我右手一旦與對手右手臂接觸便須「粘」住對手，也就是在向裏格擋後應順勢向右後方進行猛力牽拉，用以破壞對手的重心平衡與限制對手發起連續攻擊，同時左沖拳應不失時機地快速攻向對方頭臉部致命空檔處（圖 484）；

圖 485
圖 486
圖 487

左沖拳應在放鬆的基礎上快速攻出，並準確地重擊目標（圖 485）；

接下來，不待對手將其右臂掙脫，我早已將右手略用力向下格壓其右臂，用以削弱其防護能力，從而為接下來的雙拳重擊創造必要的有利條件（圖 486）；

然後將右臂貼住對手右臂上側而突然向前攻出，目標是對手的下巴或胸部要害處，同時左手也在略回收以蓄力後與右拳一道（同時）攻向對手心窩（圖 487）；

使對手上盤與中盤同時受到致命創擊而中招倒地（圖 488）；在這裏，我在雙拳迅速向前攻出的同時，右腳可快速向前上步以充分貼近對手，為雙拳重擊創造最佳的發力距離；同時雙拳還應放鬆地打出，並在接觸目標的瞬間才將力突然發出，即強調「瞬間爆炸力」的突然運用。

圖 488

要求：右手的格擋動作要快速，並須順勢抓牢對方手腕，並用力向右後方進行牽拉，從而為左拳狠擊創造有利的條件；接下來的雙沖拳重擊須在腳下動作的有效配合下去迅速重創對手，整套動作須一氣呵成。

第五節　圈割手的運用

圈割手主要用來破解對手的擒拿術，同時也是詠春拳中良好的防禦技巧，它是用巧力來化解對手的重力攻擊，從而為進一步反擊對手創造極為有利的條件。

圈割手在實戰中可作如下運用：

戰例示範一：

圈割手化解沖拳／沖拳反擊

圖 489

對方搶先發起攻擊，用右拳向我方中盤重重攻來（圖 489），

圖 490
圖 491
圖 492

我速用右手由外向裏（由右向左）拍擋對手左手臂外側，用以化解其攻擊（圖 490）；

接下來，我將右手向裏、向下進行「轉腕」，並繼續向右下方擋（壓）下，使對手的右拳偏離其原來的攻擊路線（圖 491）；

隨後，在右手繼續向下撥擋對手右臂的同時，果斷向前方沿「中線」攻出左沖拳，目標是對手的下巴或心窩等致命要害處（圖 492）；

左沖拳是在放鬆的狀態下快速攻擊對手下巴的（圖 493）。必要時可將右拳連續向前攻出，去補充打擊對手的上盤要害處。

要求：右手向裏拍格擋要快，並順勢向下擋（拉）下對手手臂，用以徹底打亂對手的作戰計畫；左拳快速前擊須與右手下擋對手左臂的動作同步進行，以加大對手防禦上的難度。

圖 493
圖 494
圖 495

戰例示範二：
圈割手化解對手抓腕擒拿

對方搶先用右手抓住我右腕，並欲進一步襲擊時（圖 494），

我先將右手握拳並速將右拳向下、向右側進行轉腕，用以減輕對手的抓握力度，同時還須進一步將右手向右後方猛力拉出，以迫其鬆手，此時左拳也不失時機地快速攻向對手上盤要害處（圖 495）；

圖 496
圖 497
圖 498

在右手繼續後拉的同時，我的左沖拳早已重重擊中了對手頭部空檔處（圖 496）；

為了最終制伏對手，可在左手順勢壓下對手右臂以降低其防禦能力的同時，再果斷向正前方攻出右沖拳，目標仍是對手的頭臉部致命要害處（圖 497）；

右沖拳應沿最簡短的路線閃電般的命中敵方上盤空檔處（圖 498）。

要求：右手握拳下轉及後拉要快速、有力；左沖拳前擊要準確、兇猛，並須與右手上的後牽其臂的動作配合好。

第六節　圈步的運用

圈步又名圈腳，為詠春拳的技擊精華點之一。同時它亦是十分科學的技擊技巧，因為普通拳術的步法在進步時極易被對手順勢踢到襠部，而「圈步」則是先將進步之腿「夾襠」而前，只有在充分貼近對手後，才將進攻之腿展開並插入對方腳後以封住對手的重心與控制其進退。當然進步時身體晃動不可太大，以免暴露自己的意圖。此種極為巧妙的步法移動技巧，多配合上肢的連環重擊動作去一氣擊潰對手。

詠春拳標指中的圈步具體運用時可有以下幾種情況：

戰例示範一：

格擋沖拳／圈步／掌擊制敵

對方突然用右手抓住我左胸，或是用右拳向我頭部或中盤重重攻來（圖499）；

我速用左手由內向外格擋對手右手臂內側，用以化解其左手攻擊，同時準備攻出右沖拳去狠擊對手（圖500）；

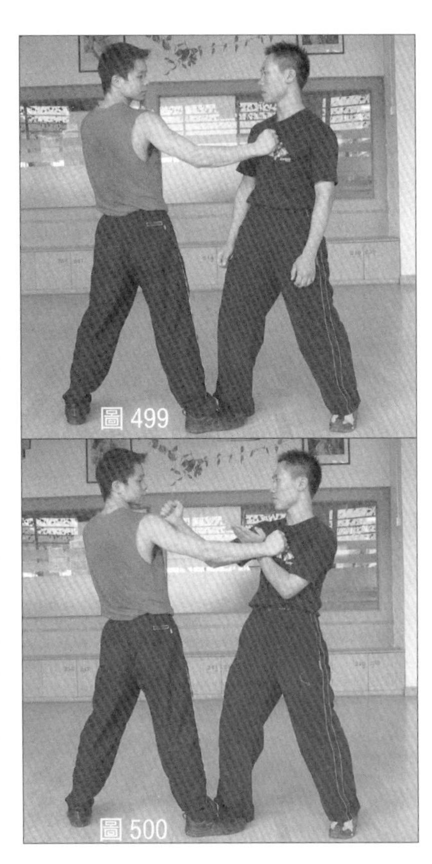
圖499
圖500

圖 501

右拳應在左手向外擋開對手右臂的同時迅速擊向其臉部或下巴等致命空檔處（圖 501）；

圖 502

接下來，迅速進右步於對方右腿後側用以封住其進退，同時左手也須抓住對方右臂並用力向左後方牽拉，右掌則不失時機地快速擊向對方下巴（圖 502），此時右掌可以是正面前擊、也可以是為了與右腿的圈步配合而向左側擊打；

圖 503

我充分利用右腿向後圈割的力量、左手後拉對手右臂的力量再加上右掌狠擊的力量，將對手突然打翻在地（圖 503、504）；

在右膝向下跪壓住對手身體的同時，右拳應果斷地向對手臉部再補擊一拳（圖 505），以便徹底制伏對手。

要求：左手外擋對手右臂應與右拳重其臉部同步進行，右腳圈步、左手後拉及右掌重擊須配合良好，補充（對手倒地後）擊打要連貫、迅猛，整套動作於瞬間完成。

戰例示範二：連續格擋接圈步與沖拳制敵

對方搶先用右腿向我中盤攻來（圖 506）；

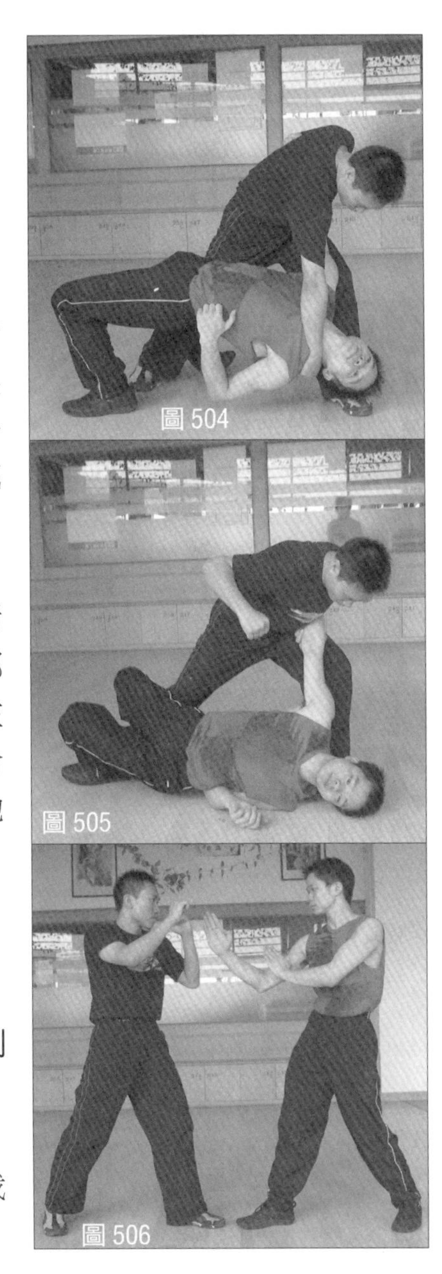
圖 504
圖 505
圖 506

圖 507
圖 508
圖 509

我應靜觀其變，以便捕捉最佳戰機（圖 507）；

在對方右腿攻至我體前的瞬間，我速用右手向下格擋，也就是迅速擋向對方小腿外側（圖 508），用以化解對方的重招攻擊；

我在用右手格擋對手腿後，還應順勢向右側牽拉其右腿，以致使對方失去重心平衡（圖 509）；

當對手在右腿落地後，又連續用其右擺拳向我上盤重重擊來時（圖510）；

我方可在速用右腳「圈步」向前控制住其重心的同時，疾用左手向上擋開對手的重拳攻擊（圖511）；

接下來在右腳向右後方圈割對手前腿的同時，左手應順勢抓住其右臂，並猛力向左後方拉下，右拳則不失時機地果斷擊向對手方臉部空檔處，從而做到一招制敵（圖512）；

圖510
圖511
圖512

圖 513

圖 514

以整體的合力將對手於瞬間打翻在地（圖513）；

在對手倒地後，我仍需用拳進行補充性打擊，以便徹底制伏對手（圖514）。

要求：右手下擋對手右腿外側要及時、準確，順勢撥拉其右腿要連貫、有力，左手上擋對手右拳要迅速，圈步封鎖其下盤要有效、快速，右拳重擊臉部要兇狠。並同樣是充分利用右腳圈步、左手牽拉對手右手及右手（拳）擊面之「三力合一」而迅速、有效地擊潰對手。

第七節　高側掌的運用

側掌是標指中既快又狠的攻擊招式，多連接在標指之後運用，當然時機成熟時也可單獨運用，為詠春拳中簡單、直接的代表性技擊招法之一。同時它亦多在防禦動作的配合下運用，也就是「攻防同步」，以便在發起兇狠攻擊的同時，能對自身形成良好的保護。

詠春拳「標指」中的「高位側掌」在具體運用時有以下幾種情況：

戰例示範一：
格擋標指接連續側掌反擊

對方搶先發起攻擊，用右拳向我頭部或中盤重重攻來（圖 515），

我速用左手由外向內拍擋對手右手臂外側，同時準備攻出右標指去狠擊對手臉部要害處（圖 516）；

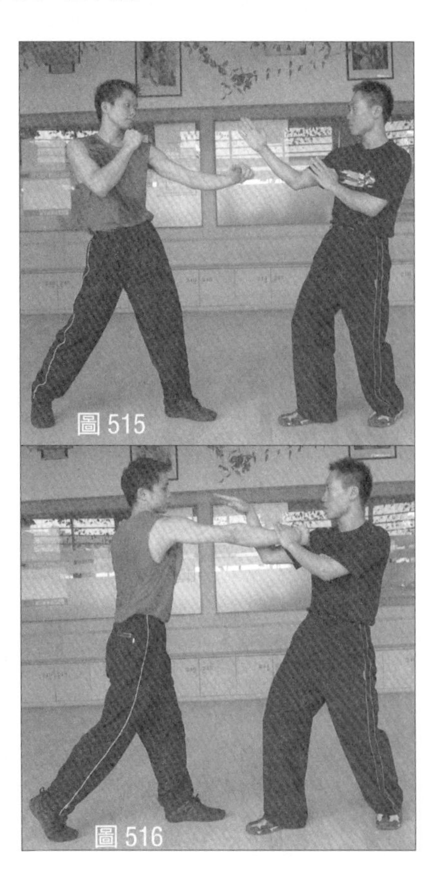

圖 515

圖 516

圖 517

圖 518

圖 519

右標指應沿「中線」迅速攻出，目標是對手的眼睛，並且是沿一條直線果斷攻出（圖 517）；

右標指無論命中與否，都可順勢向下壓下對手的防禦之手，並同時向前迅速攻出「左高位側掌」（圖 518）；

左高位側掌應不失時機地快速攻向對手的下巴，這時實際上是斜著向上鏟擊對手的下巴的，故殺傷力相當驚人（圖 519）；

接下來，在左手攻擊完畢後應順勢向下拉（壓）下對手的防禦之手

（例如右手），同時果斷攻擊右沖拳或「右側高位側掌」，目標仍是對手的下巴或面門（圖 520）；

右掌應在左手順勢拉下對方防禦之手的同時，準確擊中對方下巴這一致命空檔處（圖 521）。

要求：左手拍擊來拳與「右標指」反擊須同步進行，接下來的右手下壓對手防禦之手與「左側掌」重擊仍須同步進行，最後的左手下壓其防禦之手與「右側掌」狠擊仍應同步進行，以增大對手防禦上的難度。

圖 520
圖 521
圖 522

戰例示範二：
格擋掌擊接側掌反擊

對方搶先發起攻擊，用右拳向我方頭部或中盤重重攻來（圖 522）；

圖 523
圖 524
圖 525

我應靜觀其變以便捕捉最佳戰機（圖 523）；

在對方右拳攻至我體前的瞬間，我速用左手由外向內拍擋其右手臂外側，同時準備攻出「右高位側掌」去狠擊對手的下巴要害處（圖 524）；

右掌（或標指）應沿「中線」迅速攻出，目標是對手的下巴，並且是沿一條直線果斷鏟出（圖 525）；

右側掌無論命中目標與否，都可在回收時順勢向下壓住對手的防禦之手，並同時向前迅速攻出「左高位側掌」（圖526）；目標仍是對手的下巴；

左高位側掌應不失時機的快速攻向對手的下巴，也就是斜著向上鏟擊對手的下巴的，故破壞力相當強（圖527）；

通常情況下我的左掌重擊已可以解決對手，如對手此時仍有戰鬥力時，可再連續用右掌向前發起致命攻擊（圖528）；

圖526
圖527
圖528

圖 529

圖 530

右掌仍去準確地重擊對手的下巴，由於同樣是運用「寸勁」去狠擊，故殺傷力仍相當驚人（圖529）；

我的連續重掌攻擊，足可以將對手擊昏或直接擊倒在地（圖 530）。

要求：左手拍擊來拳與右側掌擊下巴（反擊）須同步進行，接下來的右手順勢下壓對手防禦之手與「左側掌」重擊仍須同步進行，整套動作一氣呵成。我的反應一定要快，一旦抓住時機，便須以洪水決堤之勢一氣擊潰對手。

第八節　連環標指手的運用

連環標指手是詠春拳「標指」中最為兇狠的攻擊招式，多在把握住時機後連環攻出，以攻敵措手不及，並由此徹底挫敗對手。由於它動作短小、直接、突然、連貫、快速，因此對手極難防範，為春拳第三套標指之代表性技擊招法。

連環標指手在實戰中可作如下運用：

戰例示範一：

拍擋接連環標指反擊

對方搶先發起攻擊，用右拳向我頭部或中盤重重攻來（圖 531）；

圖 531
圖 532

面對敵方的兇狠攻擊，我應靜觀其變以便捕捉最佳戰機（圖 532）；

我方速用左手由外向內拍擋右手臂外側，同時將右手標指沿「中線」快速攻出，目標是對手咽喉或眼睛等致命要害處（圖

圖 533
圖 534
圖 535

533）；

我「右標指」應在放鬆的狀態下閃電般攻出，直擊對方的眼或喉空檔處（圖 534）；

右標指無論擊中目標與否，都應在回收的同時順勢向左拍開對方的右臂，並將「左標指」貼住右手臂下側而快速攻出，也就是仍沿「中線」迅速攻出，目標仍是對手的咽喉或眼睛（圖 535）；

左標指應沿一條直線果斷攻出，而且在命中目標的同時，右手亦已將對方的主要攻防武器——右臂拍（推）到一邊（圖 536）；

接下來，在「左標指」回收並順勢向外擋開對方右臂的同時，再將右標指貼住左手臂下側快速向前攻出，目標仍是對手的咽喉或眼睛（圖 537）；

右標指應沿「中線」迅速攻出並準確命中目標（圖 538）。

要求：左手拍擊來拳和右標指攻擊對手咽喉（眼睛）必須同步進行，接下來的連續標指狠擊要連貫、準確、及時、兇狠，而且每一次出擊基本上都是從前面攻擊的手臂下面攻出，這叫「陰手」（也叫「陰指」），目的是用來增大對手防禦上的難度。也是詠春拳的特色之一，它與後面的「連環沖拳」剛好相反，因為「連環沖拳」在攻擊時是每一拳都壓著前面的手背攻出，這叫「陽拳」；當然此「陽拳」與「陰指」也均為詠春拳的代表性動作，也是打法特點的最明顯的體現。

圖 536
圖 537
圖 538

圖 539

圖 540

圖 541

戰例示範二：連續拍擋與連環標指（反擊）的配合

對方搶先發起攻擊，用左拳向我方上盤快速攻來（圖 539），

我速用左手由內向外（由左向右）拍擋對手左手臂內側，破壞其攻擊路線，同時疾將右手標指從自己左臂下沿中線快速攻出，目標是對手咽喉或眼睛等致命要害處（圖 540）；

我右標指應在放鬆的狀態下閃電般地攻出，直擊對方的眼或喉空檔處（圖 541）；

右標指無論擊中目標與否，都應在回收的同時順勢將對方的左臂後牽，以破壞對方的重心平衡，或用來打亂對手的作戰計畫，但同時仍要閃電般地攻出「左標指」，目標仍是對手的咽喉或眼睛（圖542）；

圖 542
圖 543
圖 544

左標指應沿一條直線（「中線」）果斷攻出，此時右手已牢牢抓控住了對方左手臂，從而使其無法做出有效的反擊動作（圖 543）；

正常情況下，對方左臂被我控制後，必用右拳來救（圍魏救趙），此時我可利用攻擊完畢後回收的左手順勢由內向外格開對手攻來的右手臂，同時再將右標指沿「中線」快速向前攻出（圖 544）；

圖 545

在左手順勢後牽對手右臂以進一步破壞其重心平衡的同時，右標指已不失時機地準確擊中了其咽喉或眼睛（圖 545）。

要求：左手拍擊來拳與右標指從下面攻擊對手咽喉須同步進行，而且反應一定快，因為武術的致勝要訣就是「手快打手慢」，反應慢就等於自殺。接下來的連續標指反擊要連貫、強勁，並且須攻防配合好，這也是本招法得以有效實施的關鍵所在（即做到「攻防合一」）。

第九節　連環蕩手（後手刀）的運用

本招法又叫「側身問手」，是專門用來對付背後或側面偷襲之敵的招式，通常情況下可以同時打擊來自左右兩邊的偷襲之敵。由於此動作突然、快速、兇狠，因此也往往可以打對手以措手不及。

圖 546

連環蕩手（後手刀）在實戰中可作如下運用：

戰例示範一：
後手刀反擊對方拳法偷襲

我背對著襲擊者，當

襲擊者搶先發起攻擊，用左拳向我頭部快速攻來時（圖 546），

在對方拳頭快要接觸我的瞬間，我才可快速做出反應並速將右手掌揮起，去準反擊對手的咽喉或頭臉部要害處（圖 547）；

右手刀應沿最短的路線閃電般地攻出，以便節省攻擊時間和提高攻擊命中率，「右手刀」應準確地向後橫斬向對方咽喉、下巴或頭部側臉等致命空檔處（圖 548）；

無論我的「右手刀」反打對方上盤能否命中目標，都可在往回收右手的同時，再果斷地攻出右側撐（側踢）腿去快速重擊對手的中、下盤要害處（圖 549）；

圖 547
圖 548
圖 549

圖 550
圖 551
圖 552

給予對手以意想不到的突然重創，將其踢翻在地（圖 550）。

要求：我的後手刀反擊要把握好時機，因為若過早對手會半途改變動作，過晚則已回天無術。後手刀須快速、果斷、直接、兇狠的攻出，接下來的側踢腿之補充性打擊亦要連貫、強猛，一舉制伏對手。

戰例示範二：
後手刀反擊對方持械偷襲

我背對著襲擊者，當襲擊者搶先發起攻擊，用右手握短棍向我頭部斜劈過來時（圖 551）；

我應抓住有利時機，快速轉身並將右手斜著打出，去準確地擋擊對方用來持棍劈擊的右手腕（圖 552），力爭此時便將對方短棍打飛，或迫使其改變攻擊路線。

接下來，無論我右手是否能把對方短棍打飛，都應將右手繼續後牽其右腕，用以破壞對手的重心平衡（圖 553）；

圖 553
圖 554
圖 555

隨後迅速向前進左步，並且左手也用力抓扣住對方右肘，從而牢牢控制住對方整個右手臂（圖 554）。

最後，在我雙手同時向右後方猛力牽拉對手右手臂以迫其失去重心平衡的瞬間，快速向正前方攻出右正踢腿，目標是對手的下腹，予其以致命性重創（圖 555、556）。

圖 556

要求： 我的後手刀反擊同樣要把握好時機，右手擋抓對手右腕要快速、及時，後牽要有力；左手抓扣其右肘要準確、強勁；接下來的兩手後牽其右手臂的動作，應與右腳前踢對手腹部配合好，從而做到一招制敵。

第十節　抓手摔的運用

抓手摔稱得上是詠春拳的另一絕招，過去很多人都誤認為詠春拳沒有專門的摔法，其實那只是學藝不精的偏見。試想一下，作為一門獨立而完整的拳學系統，詠春拳又怎麼能沒有極為兇狠、極為巧妙的摔法呢？而且它還不僅僅是單純的摔法，因為它還可以結合其他招法（如腿擊、膝法）去巧妙、有效地重創對手。

圖 557

抓手摔在實戰中可作如下運用：

戰例示範一：
抓手摔反擊對方沖拳／截腿反擊

對方搶先發起攻擊，用右拳向我頭部或中盤重重攻來（圖 557）；

面對對方的兇狠攻擊，我應靜觀其變，以便捕捉住最佳戰機（圖558）；

圖 558
圖 559
圖 560

在對方右拳攻至我體前的瞬間，我速用右手由外向裏（由左向右）去拍擋其右手臂外側，以化解其攻擊（圖 559）；

接下來，在右手順勢抓住對手右腕用力向右後方牽拉的同時，將左手抓住其右肘，並協助右手向右後方牽拉其右臂，以徹底破壞對手的重心平衡，此時左腳也已向左前方迅速上步為接下來的腿法重擊創造了良好的條件（圖560）；

圖 561

圖 562

圖 563

我在雙手繼續後牽對手右臂的同時，右腳已快速向前攻出，以一記兇狠的橫截腿準確地重踢對手的前腿膝關節（或是腰、肋）致命要害處（圖561、562）；

隨後在向前落穩右腳的同時，左手仍須繼續向右後方牽拉對手右臂，而右拳則果斷向前重重擊向其臉部空檔處（圖563）；

右拳應沿一條直線快速狠擊對方上盤要害處（圖 564），予其以毀滅性地打擊。

要求：右手向裏拍擋對手右拳要快，並應順勢擒住敵右腕，且用力後牽敵臂以使對手失去重心；左手抓握敵肘要快，並與右手動作配合好；右腳前踢要快、要準、要狠，最後的右拳重擊要連貫、及時、強勁，整套動作於瞬間完成。

圖 564
圖 565
圖 566

戰例示範二：

抓手摔反擊對方沖拳／拉摔反擊

對方搶先發起攻擊，用右拳向我頭部或中盤重重攻來（圖 565）；

面對對方的兇狠攻擊，我應靜觀其變以便捕捉最佳戰機（圖 566）；

圖 567

圖 568

圖 569

在對方右拳攻至我體前的瞬間，我速用右手由外向裏去拍擋其右手臂外側，以化解其攻擊（圖567）；

接下來，在右手順勢抓住對手右腕，並用力向右後方牽拉的同時，左手也去抓住其右肘並協助右手向右後方牽拉對手右臂（圖 568），此時還可將左腳向前進步從而為進一步用右腳重踢對手創造有利條件；

我在雙手繼續後牽對手右臂的同時，早已迅速將右腳向前攻出，以一記兇狠的橫截腿快速重踢對手的前腿膝關節或腰肋等致命要害處（圖 569）；

隨後在右腳向右後方撤步，並落穩右腿的同時，雙手仍須繼續向下、向右後方猛力牽拉對手右臂（圖570）；

圖 570

以全身整體的合力將對手突然凌空摔跌於地面（圖571、572）；

圖 571

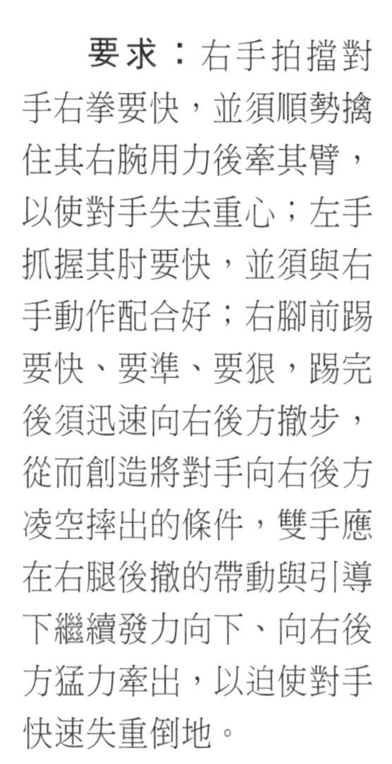

要求：右手拍擋對手右拳要快，並須順勢擒住其右腕用力後牽其臂，以使對手失去重心；左手抓握其肘要快，並須與右手動作配合好；右腳前踢要快、要準、要狠，踢完後須迅速向右後方撤步，從而創造將對手向右後方凌空摔出的條件，雙手應在右腿後撤的帶動與引導下繼續發力向下、向右後方猛力牽出，以迫使對手快速失重倒地。

圖 572

圖 573

戰例示範三：抓手摔反擊沖拳／膝頂反擊

對方搶先發起攻擊，用右拳向我頭部或中盤重重攻來（圖 573）；

圖 574

我速用左手由裏向外拍擋對手右手臂內側，化解其攻擊，同時向正前方迅速攻出右沖拳，目標是對手面門（圖574）；

圖 575

我的右沖拳應沿直線快速直擊目標，此時可配合前腳略向前進步以加大右拳重擊的力度（圖 575）；

接下來，疾將左腳向前進步於左前方（即對方右腳外側），從而為隨後而發出的右膝頂重擊創造必要的打擊距離，同時也速用雙手抓牢對方兩肩或直接用雙手扣住其頸（圖576）；

圖 576
圖 577

然後在雙手猛力後拉對手肩或頸的同時，將右膝突然前撞，迅速迎撞對方心窩（或下巴、小腹）等致命要害處，予其以毀滅性創擊（圖 577）。

要求：左手格擋其臂要輕快、迅速；右拳反擊其臉要及時、準確、強勁；進左步貼近對手要連貫、敏捷；雙手抓扣其肩要快，後拉要迅猛，並須與右膝前頂配合好，也就是以上下肢之合力去重創對手。

第十一節　鞠躬護頸手的運用

鞠躬護頸手又稱「大回環手」，是詠春拳中又一絕妙招式，也屬秘不外傳之招法。是專門用來對付泰國拳中之「箍頸膝撞」絕招的；其實不僅僅是泰國拳中有此種箍頸招式，就是在詠春拳之「木人樁」中也有此類狠招，叫「攀頸手」，而且一開始就是此手法的練習與運用，但在整套「木人樁」法中卻未講如何破解此「攀頸手」之法。

要知道整個詠春拳體系是環環相扣與靈活變化的，精熟後可自由變化，如此才可做到「出手成招」，且招招可致命、招招可相互牽制，這就是武術中之「陰陽」與「攻守」相互變化之易理。

當然未經明師之點撥，你同樣不知道極為精簡的招式背後所隱含的高度實戰性及高度技巧性。

鞠躬護頸手在實戰中可作如下運用：

戰例示範一：
低頭閃轉／拍手沖拳反擊

圖 578

當對方用左手勾住我頸部並欲用其右拳向我上盤攻來時（圖 578）；

我速將頭部向前低下，以避開對方重拳打擊（圖579）；

圖579

隨後再疾將頭部從對手左臂下往外閃轉，也就是將頭部從對手左臂下繞轉至對方左臂外側（從而進入對手所無法攻擊到的「死角」），此時應用眼睛盯緊對手（圖580）；

圖580

接下來，迅速用右手由外向內（由右向左）拍擊對方左肘或左前臂，將敵方左臂從我肩上推開或向下拍落，從而為左拳反擊對手創造有利的條件（圖581）；

圖581

圖 582
圖 583
圖 584

隨後我應順勢用右手抓拉住對手左腕，並向左後方用力牽帶，以破壞對手的重心平衡，而「左沖拳」則不失時機地快速攻向其面門（圖 582）；

為進一步制伏或創擊對手，可在左沖拳攻擊完畢並往回收手時，順勢向下捋住對手左臂，並再次往後方猛力牽拉，同時更為強勁的「右沖拳」也早已對準對手頭臉部並閃電般地攻出（圖 583）；

右沖拳應配合左手後牽其臂之勢而迅速攻出（圖 584）。

要求：低頭閃躲要迅速，向對方左臂外側繞轉要連貫、敏捷；右手下拍對手左臂要快，這是能否進一步重創對手的關鍵所在，如果不能由此控制住對手左臂而讓其逃脫的話，那麼我就失去了一個

「粘」住對手並對之進行有效重創的良機。接下來的沖拳打擊要準、要狠，並須與另一手後牽其臂的動作配合好，也就是利用兩臂「前後之爭力」去狠擊對手。

圖 585

圖 586

圖 587

戰例示範二：

低頭閃轉／拍手沖拳反擊

當對方用雙手勾住我頸部，並欲用摔技或膝頂技術攻來時（圖 585）；

我可速將身體轉動（將右胯前轉）變為側身相對，以減少被對手打擊的面積，同時速將雙臂由其兩臂內側分別向外擋出，用以解脫對手的雙手抓肩動作（圖 586）；

我雙手應邊外擋對手兩臂，邊向兩側壓下其臂，使其兩臂暫時失去快速攻擊的能力（圖 587）。

圖 588

圖 589

圖 590

隨後不待對手變招，我早已對準其臉部空檔攻出了既快又狠的右沖拳（圖 588、589）；

我在右拳發力完畢回收的瞬間，又連續向前閃電般地攻出了左沖拳，目標仍是對手面門要害處（圖 590）；

為了最終制伏對手，可在左拳回收的同時，再連續攻出一記更為強勁的右沖拳去狠擊其面門，予其以致命性創擊（圖 591）。

要求：轉體避開對方正面鋒芒要快，雙手外擋及下捋其兩臂要及時，沖拳連擊對手要準確、兇狠、連貫，力求一舉擊潰對手。而且一拳攻擊對手時，另一手須握拳置於發起攻擊之手臂的肘關節處，以便能發起更快的連續攻擊，其原理是距離目標最近，所以便大大節省了運行時間。

圖 591

圖 592

圖 593

戰例示範三：低頭閃轉／括臂沖拳反擊

當對方用雙手勾住我頸部，並欲用摔技或膝頂技攻來時（圖 592）；

我將身體轉動變為側身對敵的狀態，以減少被對手打擊的面積，同時速將雙臂由其兩臂外（上）側分別向裏（向下）勾住其兩臂，重心也迅速向前低下，以利於解脫對手的雙手抓肩動作（圖 593）；

圖 594
圖 595
圖 596

接下來，我雙手應邊向外、向下擋開對手兩臂，邊迅速向前進右腳以充分貼近對手，為進一步出拳重擊創造有利的條件（圖 594、595）；

在右腳迅速踏入對方「中門」的瞬間，雙拳也早已收歸於「中線」，並對準其方頭（臉）或胸部空檔處攻出了既快又狠的右沖拳（圖 596）；

在右拳發力完畢後應將右臂略回收以蓄力，同時左拳也準備向前同時攻出（圖 597）；

圖 597
圖 598

為了最終制伏對手，可在再次將右腳前踏的同時，閃電般地攻出「雙手沖拳」，去分別狠擊對方的頭面、胸腹部要害處，予其以致命創擊（圖 598）。

要求：本招法與前面招法的區別是雙臂由外側向下擋開對手兩臂，而前者則是由內向外側擋開，但無論是哪種擋法都要快，而且接下來的拳法反擊也要連貫、迅猛，爭取一舉制伏對手。拳法與步法還要配合好，以便拳借步威（慣性）去最大限度地重創對手。

第十二節　連環沖捶的運用

連環沖捶是詠春拳中的絕招之一，也是詠春拳的代表性動作之一。在「標指」中則是以五拳連環發出，故對手更難防範，特別是在腿法的引導下或在格擋開對手的攻擊後，再用此「連環重捶」去重擊對手時，則效果會更佳。「連環拳的優勢是每一拳必可創造一個空檔而利於另一拳重擊」（李小龍）。

在實戰中，「連環沖捶」可作如下運用：

我以詠春拳擺樁對敵（圖599）；

圖599

圖600

當我發起攻擊時，可先用前腳去佯攻對手前腿膝關節或脛骨（圖600），充分吸引對手的注意力；

在右腳向前順勢落下的同時，右沖拳也早已不失時機地快速向前擊中了對手臉部空檔處（圖601）；

在右手發力完畢回收時，應速將左拳從右臂上側攻出，並同樣是沿「中線」徑直向前打出（圖602）；

我的左沖拳應在放鬆的狀態下閃電般地攻出，目標仍是對手面門（圖603）；

圖 601

圖 602

圖 603

圖 604
圖 605
圖 606

在左手發力完畢並回收的同時，速將右拳從左臂上側攻出，同樣是沿「中線」徑直向前打出的（圖 604）；

右沖拳應在放鬆的狀態下準確打出，目標仍是對手面門（圖 605）；

在右手發力完畢並回收的同時，再速將左拳從右臂上側攻出，並同樣是沿「中線」徑直向前打出（圖 606）；

左沖拳應在放鬆的狀態下迅速攻出，目標仍是對手面門要害處（圖607）；

在左拳擊中目標並回收的同時，應速將右拳從左臂上側準確攻出，並同樣是沿「中線」徑直向前打出（圖608）；

右沖拳應在放鬆的狀態下強勁地打出，目標仍是對手面門（圖609），將對手擊昏或擊倒在地。

圖 607
圖 608
圖 609

要求：右腳佯攻要快速、逼真，接下來的連續直沖拳攻擊要準確、兇狠、連貫，雙拳應從「中線」上敏捷攻出，從而達到「守中用中」的目的與要求。在連續用重拳攻擊的過程中，還可配合向前進步以便更為有效地重創對手，因為只有在步法的準確引導下，拳法的打擊威力才可得到最大限度的發揮。

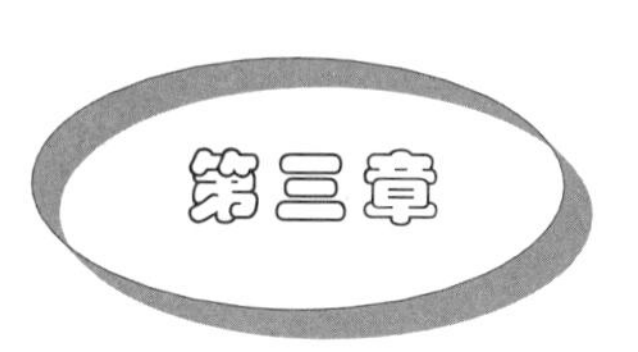

第三章 詠春拳核心技術——粘手訓練

粘手是詠春拳中的核心技術，向來被稱為是「詠春的心」，它是詠春拳中的一個極為重要的組成部分，沒有學過該技術者，不能認為是真正掌握詠春拳者。該技術主要用來提高與磨練對對手的敏感性和適應性，特別是手感。

「一旦從本能上提高了這種能使潛意識迅速做出正確反應的能力，則對手的每一個攻擊動作都會被你破壞掉。這是一種磨練你的近戰武器的最佳方法」（李小龍）。

粘手在搏擊中的作用，除了可訓練你的直覺、反應與手感外，還可作為一道嚴密的屏障來保護自己的中、上盤，它是對前面所學的基本技術與格鬥技法的一種複合運用，它更像一張蜘蛛網在等待蚊蠅飛來，它們一旦觸網便如掉入泥潭中一樣而無法掙扎與自拔。

正常情況下，該技術練習多在練完「小念頭」和「尋橋」兩套拳術後進行練習，也有些流派是在練完第一套「小念頭」後就開始練習「粘單手」，並在練完「尋橋」後才練習「雙粘手」，等前兩套拳法及「粘手」純熟後，才進入第三套拳法「標指」的練習。還有些流派是在練完「標指」後才開始練習「粘手」。當然，無論將它安排在哪裡練習都可起到提高反應和敏捷身手的作用，它是詠春

拳中絕對不可缺少的有效訓練手段。

粘手還可用來訓練你的條件反射能力，只要對手一旦與你接觸，他即使想跑也跑不了了，當然這完全是一種不經思維的本能反應。透過與對手進行手搭手的接觸，我方不用眼看，便已「聽」出或感覺到對手的實力與變化了，它比用眼睛觀察後再做出反應的習慣又高超了許多。

尤其面對一個高手時，由於他的動作做得極為隱蔽，以至於你用眼睛根本無法看出時，此刻，本文所講的「聽勁」將會對你大有裨益。

在本書出版之前，雖已有文章講解過此類技術，但大多講解不系統，那些作者只是從自己的角度與理解能力出發，而講的不夠細，致使大多數讀者看了還是等於沒看，因為他們根本不知道從何處下手去練習。鑒於此，筆者將分節將此項詠春拳秘技詳細講解出來。

第一節　單粘手練習

單粘手為粘手訓練中最基本的練習方法，主要是練習「膀、伏、攤」三式手法，因為這是搏擊最重要的三式防禦技巧。訓練時雙方均應放鬆，橋手粘在一起時不可鬥力，而以鍛鍊手部感覺為主。由於雙方在訓練過程中橋手都是始終「粘」在一起的，故名「粘」手。

單粘手的訓練方法：

1. 單粘手的手部動作示範

雙方以「正身馬」面對面站立，圖中左邊拳手伸出

「左攤手」，右邊拳手伸出「右伏手」並壓在左邊拳手的攤手之上（圖610）；

左邊拳手將「左攤手」變為手心向前的「正掌」，並準備向前攻出，此時右邊拳手仍將「右伏手」壓在左邊拳手的左腕上（圖611）；

左邊拳手將左「正掌」向右邊拳手心窩打去，右邊拳手將右手變掌壓在左邊拳手的左腕上並順勢「下沉」（枕手）防禦，從而壓低對手的左掌攻擊（圖612）；

右邊拳手在將左邊拳手的左掌攻擊化解掉的同時，速將右掌變成拳，並準備向對手心窩攻出（圖613）；

右邊拳手應將右拳沿「中線」向前方徑直攻出，從右邊拳手握拳開始，左邊拳手便已經「感

圖610
圖611
圖612
圖613

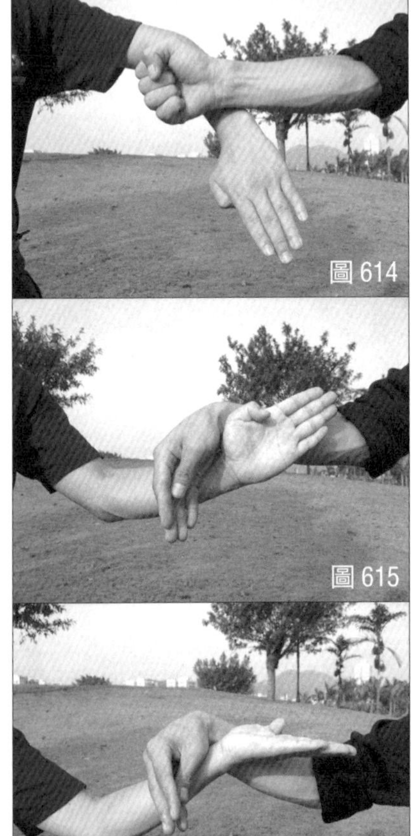
圖 614
圖 615
圖 616

覺」到了對方的變化，所以在對方的右拳擊中身體前的瞬間，便已將左臂變成了「膀手」，並剛剛好可以格擋開右邊拳手的右沖拳（圖 614）；

左邊拳手在用「膀手」擋開對手的右拳後便須變成「攤手」，從而將對方的右拳擋至「外門」，而右邊拳手也正好可以將右拳變成「伏手」並順勢可以壓下對方的攤手，至此，雙方又恢復到了開始練習前的左邊拳手「左攤手」、右邊拳手「右伏手」的狀態（圖 615、616）。

上述過程是連環變化、周流不息的，因為從最後一個動作開始，便又恢復到了剛開始的起式動作。從而可以彼攻此守、此守彼攻，用「感覺」去體會與感知對方的動作變化。隨著練習時間的增長，只要對方在動作上略有變化，你不用眼看，僅憑皮膚與肌肉的本體感覺便已知道，這便是練習詠春粘手的根本目的所在。

圖 617

圖 618

圖 619
圖 620

2. 單粘手的單人動作練習（一方拳手的練習動作）

(1) 攤手－膀手－攤手的正面動作示範

練習者由正身馬（正身箝羊馬）開始，將右手沿「中線」向前伸出成手心向上的「攤手」（圖 617）；

身體保持不動，將右掌內轉而變成手心向前的「正掌」（圖 618），此時右臂是略彎曲的；

將右掌放鬆的由「中線」向正前方徑直打出（圖 619）；

接下來，將右肘向上提起，而將右手略下沉，從而變成「右膀手」（圖 620）；

圖 621
圖 622
圖 623

隨後將右肘放下來而向身體「中線」靠近，同時右手則上翻而變成手心向上的「攤手」（圖621），

也就是又回到了剛開始時的「攤手」的起式動作。

練完上述動作後，可以再連續以右手進行練習，或是換用左臂進行交換練習，以便全面發展自己。

(2)攤手－膀手－攤手的側面動作示範

練習者由「正身箝羊馬」開始，將右手沿「中線」向前伸出成手心向上的「攤手」（圖622）；

身體保持不動，將右掌內轉而變成手心向前的「正掌」（圖623），此時右臂是略彎曲的，右肘離身體約為10公分。

將右掌放鬆的由「中線」向正前方徑直打出（圖624）。

接下來，將右肘向上提起，而將右手略下沉，從而變成「右膀手」（圖625）；

隨後將右肘放下來而向身體「中線」靠攏，同時右手則上翻而變成手心向上的「攤手」動作（圖

圖 624　圖 625

626），也就是又回到了剛開始時的「攤手」的起式動作。

圖 626

等練完上述動作後，可以再連續以右手進行練習，或是換用左手臂進行交換練習，以便全面發展自己。

3.單粘手的單人動作練習（另一方拳手的練習動作）

也就是單粘手訓練中與上面的練習動作相對應的練習技巧。

(1)伏手－沖拳－伏手的正面動作示範

練習者由「正身箝羊馬」開始，將右手沿「中線」向前伸出成手心向下的「伏手」（圖 627）；

圖 627

圖 628

圖 629

圖 630

將手掌根略往下壓，也就是相應的下壓對方攻來的「正掌」，至少從意識上應是這樣的（圖628）；

右手應相應向下壓至完全將對方的正掌化解為止，當然此時我方的右手仍是在「中線」上的，而且已變成「立掌」（圖 629）；

接下來，將右手變成拳，並準備向人體的心窩部位打出，也就是在用掌向下防開對手的「正掌」攻擊後的一個反擊動作（圖 630）；

右拳應徑直向前打出，目標是對準人體的「中線」處之心窩部位（圖 631）；

在我將右拳向前打出時，對方必用「膀手」進行防禦，隨後我可隨著對方將「膀手」變成「攤手」之勢，而順勢將右拳變成「伏手」而壓於對方手腕上，也就是又回到了剛開始時的起式動作（圖632），習者可以不斷重複上述過程，或是換用左手進行反覆練習。

(2) 伏手－沖拳－伏手的側面動作示範

練習者由「正身箝羊馬」開

圖 631 圖 632 圖 633 圖 634

始，將右手沿「中線」向前伸出成手心向下的「伏手」（圖 633）；

將手掌根略往下壓，也就是相應的下壓對方攻來的「正掌」，至少從意識上應是這樣（圖 634）；

圖 635

右手應相應地向下壓至完全將對方的「正掌」化解為止，當然此時我方的右手仍是在「中線」上的（圖 635）；

接下來，將右手變成拳，並準備向對手的心窩部位打出，也就是在用掌向下防開對手的「正掌」攻擊後，應去反擊對手（圖 636）；

圖 636

右拳應沿「中線」徑直向前打出，目標是對準心窩部位（圖 637）；

圖 637

我將右拳向前打出時，對方必用「膀手」進行防禦，隨後我可隨著對方將「膀手」變成「攤手」之勢，順勢將右拳變成「伏手」而壓於對方手腕上，也就是又回到了剛開始時的起式動作（圖 638），你可不斷重複上述過程。

圖 638

圖 639

4.單粘手的完整動作示範

雙方均以「正身馬」面對面站立，左邊拳手伸出「左攤手」，右邊拳手伸出「右伏手」並壓在左邊拳手的「攤手」之上（圖 639），此時雙方的另一手均收於胸側；

左邊拳手將「左攤手」變為「正掌」，並準備向前攻出，此時右邊拳手仍將「右伏手」壓在左邊拳手的左腕上（圖 640）；

左邊拳手將左「正掌」向右邊拳手的心窩打去，右邊拳手仍將「右伏手」貼緊左邊拳手左腕上側並準備進行下沉防禦（圖 641）；

右邊拳手以「下沉」（枕手）動作將左邊拳手的正掌攻擊化解掉，隨後應將右掌變成拳（圖 642）；

圖 640
圖 641
圖 642

接下來，右邊拳手再將右拳向對手的「中線」處心窩進行反攻（圖 643）；

右邊拳手應將右拳沿「中線」向前方徑直攻出，左邊拳手由於已經「感覺」到了右邊拳手的變化，所以在對方的右拳擊中身體前的瞬間，便已將左臂變成了「膀手」，並剛好可以擋開右邊拳手的右沖拳（圖 644）；

左邊拳手在用「膀手」擋開對手的右拳後便應將左手變成「攤手」，從而將對方的右拳擋至「外門」，而右邊拳手則將右拳變成「伏手」並順勢壓下對方的攤手，至

圖 643 圖 644 圖 645 圖 646

此，雙方又回到了開始練習前的左邊拳手「左攤手」、右邊拳手「右伏手」的狀態（圖 645）。

然後雙方可反覆不斷地重複上述過程，直至純熟為止。或者是雙方交換動作進行練習。

記住，上術過程的動作要輕靈而不可僵硬，自然而不是憑蠻力，它是在體會「聽」勁與鍛鍊人的神經感應，而不是在鬥力，一旦鬥力便喪失了練習粘手的意義。（圖 646、647、648、649、650、651、652）是本練習動作的背面示範。

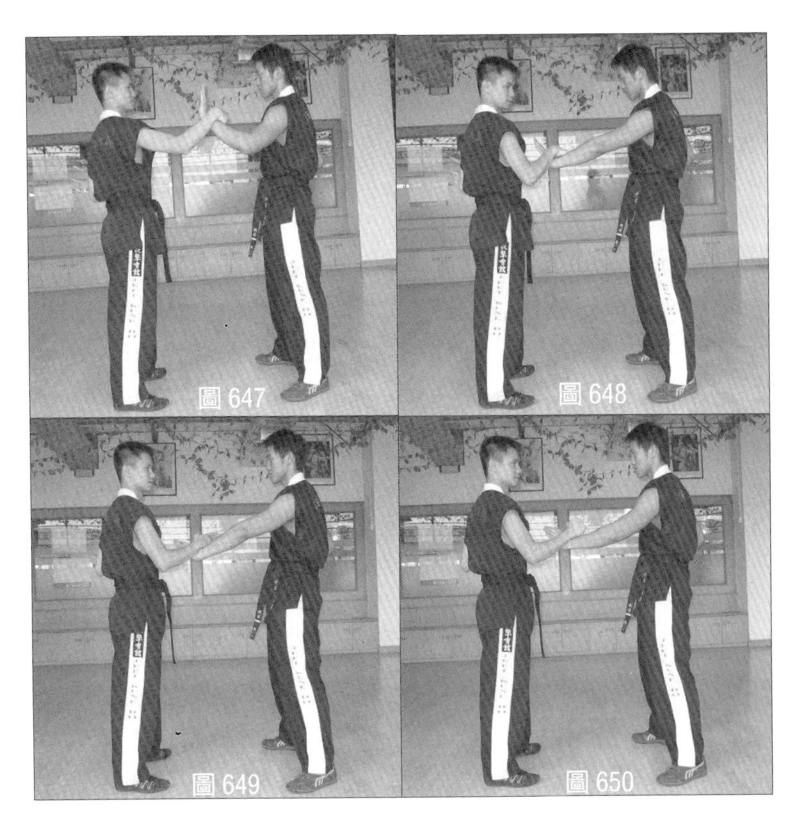
圖 647 圖 648 圖 649 圖 650

圖 651　圖 652

第二節　雙粘手練習

在單粘手練習精熟後，便可以開始進行「雙粘手」的訓練，事實上，單粘手是為雙粘手練習打基礎的，而雙粘手則是詠春拳的靈魂所在，因為詠春拳的一大技擊特點就是「雙手可以同步進行搏擊」，也就是以兩隻手去同時做兩件不同的事，所以練慣了其他「先一攻，再一防」的兩步（兩個節拍）走的拳術者，再來接觸詠春拳時，往往是不習慣的，因為他不習慣於兩手同時做動作，特別是詠春拳的這種同步攻防的打法在速度上快一半。

在詠春拳中，進步雙粘手訓練的目的至少有 4 種：

第一、是鍛鍊雙手的靈敏度與良好的感覺（聽勁）；

第二、是鍛鍊肘底勁，因為它在動作的過程中始終要求要「鬆肩沉肘」，因為肘是勁力產生和蓄放的場所；

第三、是「雙粘手」為詠春拳基本技術與自由搏擊之間的一個過渡地帶，也就是在「粘手」的過程中可以逐步進入搏擊的狀態和境界；

第四、是鍛鍊良好的防護能力，由於詠春拳是近身搏擊之術，因此，對防禦技術提出了極高的要求，而透過此正確的雙粘手訓練，正好可以滿足此項要求。

在以往，當兩位詠春拳手相遇時，為了不傷和氣，同時又可以切磋拳藝，便會以「粘手」來分高下，正所謂「行家一粘手，便知有沒有」。可以這樣說，在某種程度上，粘手水準的高低便代表了其詠春拳水準的高低。

過去人們也一直把粘手看得太過於神秘，而沒有想到它事實上卻是如此簡單及易於掌握的。當然，這也不難理解，因為「大道至簡」，真正實用的東西往往都不是繁瑣的。詠春拳當初創立的目的就是為了用來進行殊死搏鬥的，因此，它容不得有半點花架存在，一切均從「簡單、實用」出發。儘管如此，你仍需要花費大量的時間去練習，才能真正掌握它，並且最好是每天都來練習一下，只有日久才能功成。

雙粘手的訓練方法如下：

1.雙粘手的單人動作示範（一方練習動作）

單人粘手練習是進行雙人粘手的必要的基本功訓練，練習者可以先將此動作練到精熟，然後再去練習下面的雙人粘手動作。

進行雙粘手練習時可參照以下方法進行：

(1)左伏、右攤－右膀、左伏－左伏、右攤練習

這是雙粘手練習中其中一方練習者的練習動作。

A.左伏、右攤－右膀、左伏－左伏、右攤的正面動作示範：

練習時由正身箝羊馬開始，首先將兩手上下相疊置於中線上，也就是左手在上成伏手，右手在下成手心向上之攤手（圖 653）；

將右手向上進行翻轉，而左手則向下進行翻轉，也就是雙手如抓住一個圓球般進行翻轉（圖 654）；

雙手繼續進行翻轉，直至轉到右肘抬平的姿勢（圖 655）；

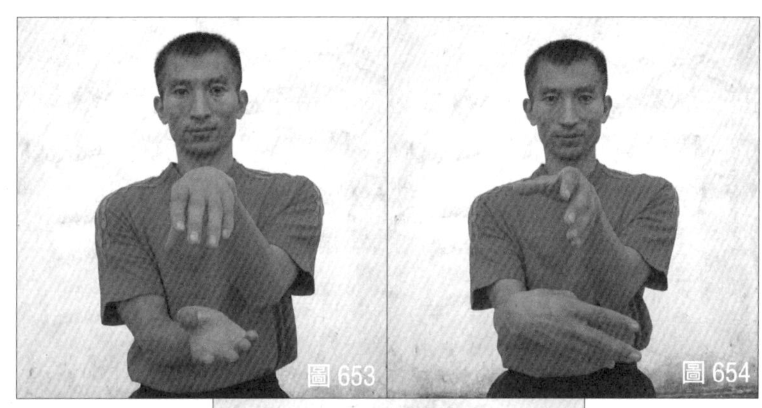

圖 653　圖 654

圖 655

左手臂繼續向下翻轉，而右手臂則向上翻轉至右肘抬高的膀手狀態，此時兩手仍是上下垂直而居於中線上（圖656）。

接下來，再將右肘向下回落，並將左伏手向上抬起（圖657）；

從而將右膀手向攤手過渡，而左伏手則向上移動變成左手在上的伏手（圖658）；

回復到剛開始時的起勢動作（圖659）。

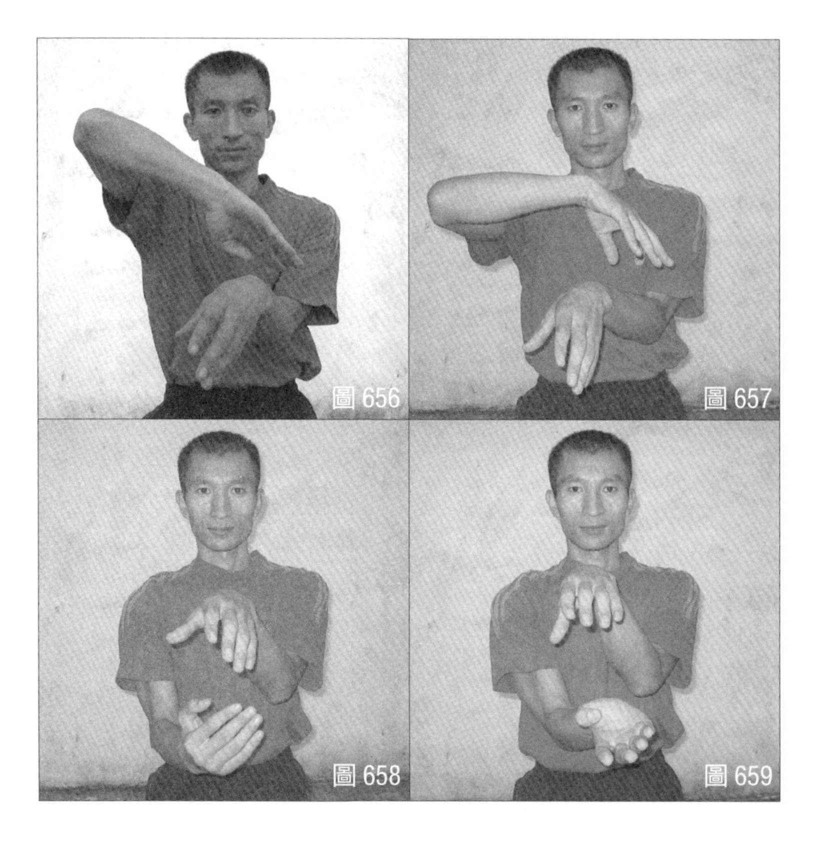

圖656 圖657 圖658 圖659

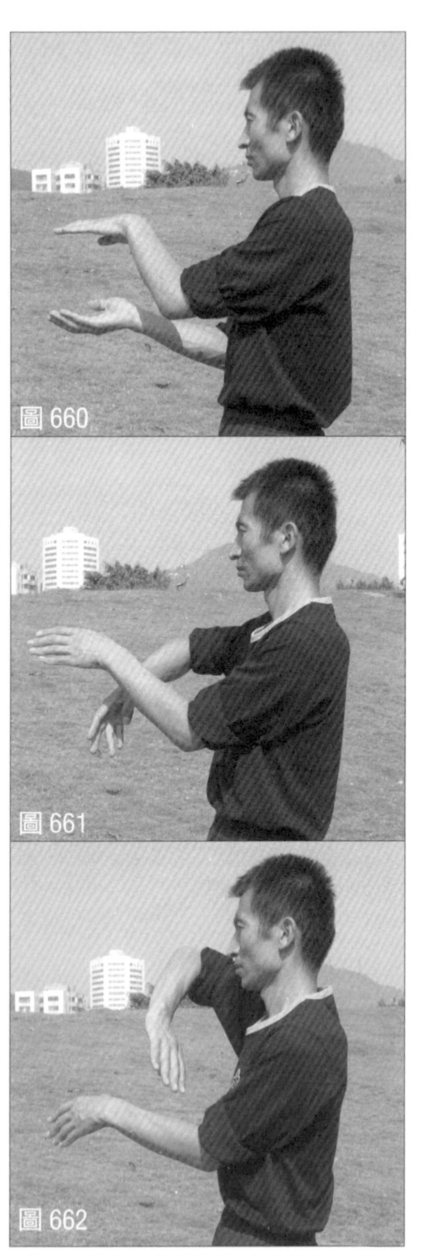

圖 660

圖 661

圖 662

B. 左伏、右攤－右膀、左伏－左伏、右攤的側面動作示範：

練習時由正身馬開始，先將兩手上下相疊置於中線上，也就是左手在上成伏手，右手在下成攤手（圖 660）；

將右手向上進行翻轉，而左手則向下進行翻轉，也就是雙手如抓住一個圓球般進行翻轉（圖 661）；

雙手繼續進行翻轉，直至右手臂向上翻轉至右肘抬高的膀手狀態為止，此時兩手仍是上下垂直而居於中線上的（圖 662）。

接下來，再將右肘向下回落，並將左伏手向上抬起（圖 663）；

圖 663

從而將右膀手向攤手過渡，而左伏手則向上移動變成左手在上的伏手（圖 664）；

圖 664

回復到剛開始時的起式動作，即左手在上成伏手狀，而右手在下成攤手狀（圖 665）。

圖 665

圖 666

圖 667

(2) 右伏、左攤－左膀、右伏－右伏、左攤練習

當左伏手在上、右攤手在下的動作練到純熟後，可再進行右伏手在上、左攤手在下的翻轉練習。

A. 右伏、左攤－左膀、右伏－右伏、左攤－的正面動作示範：

練習時由正身箝羊馬開始，首先將兩手上下相疊置於中線上，也就是右手在上成伏手，左手在下成手心向上之攤手（圖 666）；

將左手向上進行翻轉，而右手則向下進行翻轉，雙手如抓住一個圓球般進行輕靈的翻轉（圖 667）；

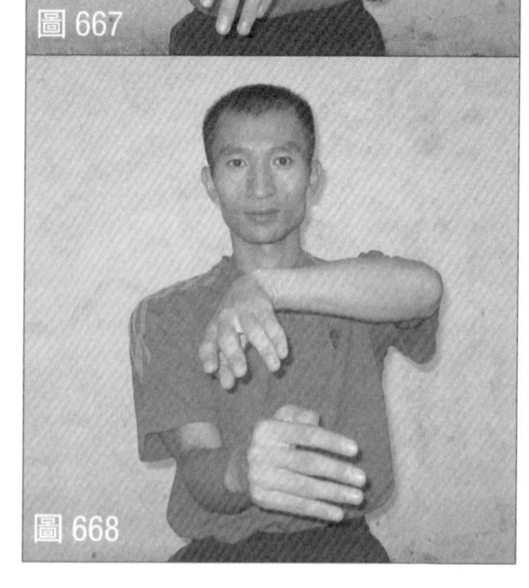

圖 668

雙手繼續進行翻轉，直至轉到左肘抬平的姿勢（圖 668）；

右手臂繼續向下翻轉，而左手臂則繼續向上翻轉至左肘抬高的膀手狀態，此時兩手仍是上下垂直而居於中線上（圖669）。

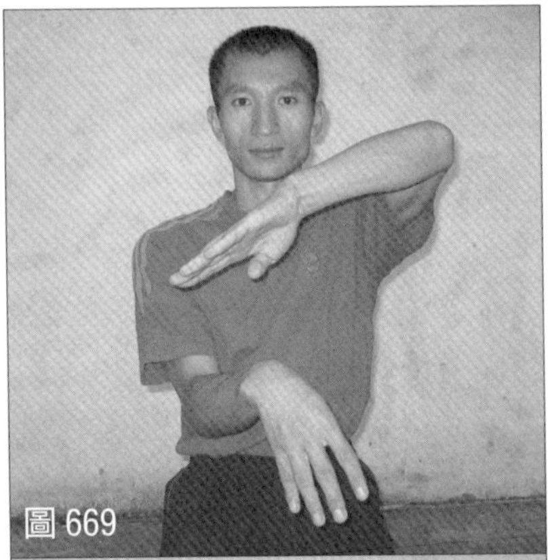

圖 669

接下來，再將左肘向下回落，並將右伏手向上抬起（圖 670）；

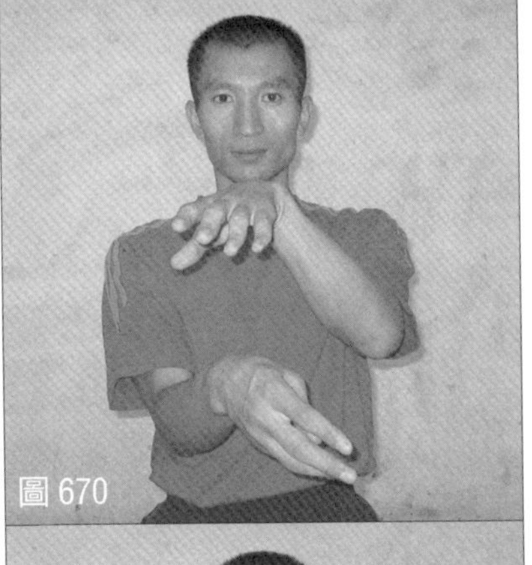

圖 670

從而將左膀手向攤手過渡，而右伏手則向上移動變成右手在上的伏手（圖 671）；

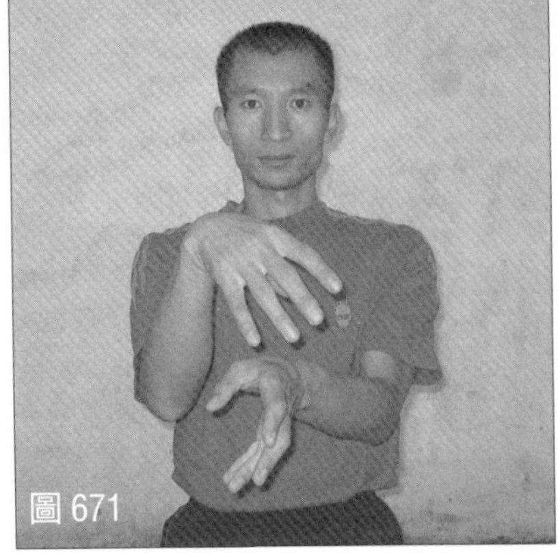

圖 671

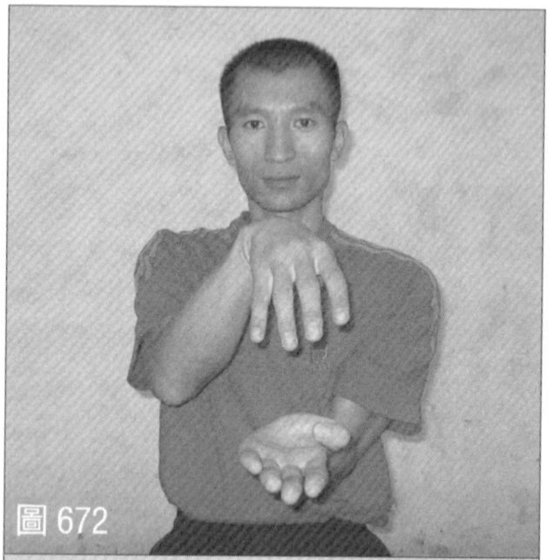

圖 672

回復到剛開始時的起勢動作，即右手在上成伏手，左手在下成攤手（圖672）。

可反覆練習上述動作，至精熟為止。

圖 673

B.右伏、左攤－左膀、右伏－右伏、左攤的側面動作示範：

練習時由正身馬開始，先將兩手上下相疊置於中線上，也就是右手在上成伏手，左手在下成攤手（圖673）；

圖 674

將左手向上進行翻轉，而右手則向下進行翻轉，雙手如抓住一個圓球般進行輕柔的翻轉（圖674）；

雙手繼續進行翻轉，直至轉到左手臂抬高為膀手的狀態為止，此時兩手仍是上下垂直而居於中線上（圖 675）。

圖 675

接下來，再將左肘向下回落，並將右伏手向上抬起（圖 676）；

圖 676

從而將左膀手向攤手過渡，而右伏手則向上移動變成右手在上的伏手（圖 677）；即回復到剛開始時的起式動作。

圖 677

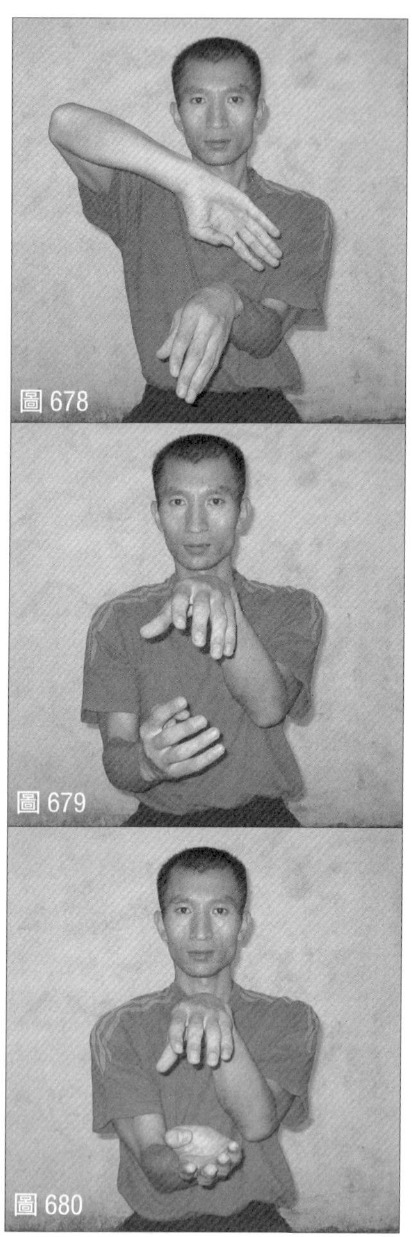
圖 678
圖 679
圖 680

2.雙粘手的單人動作示範（另一方練習動作）

這是雙粘手中另一方練習者所要練習的動作，因為只有雙方相互配合才能完成粘手練習，而事實上要掌握好粘手，則必須掌握好雙方所有的動作。

(1) 右膀、左伏－左伏、右攤－右膀、左伏的正面動作示範

練習時由正身箝羊馬開始，首先將兩手上下相疊置於中線上，也就是右手在上成「膀手」，左手在下成手心向下的伏手（圖 678）；

將右手向下進行翻轉，而左手則向上進行翻轉，雙手如抓住一個圓球般進行輕柔的翻轉（圖 679）；

雙手繼續進行翻轉，直至轉到右手處於左手下側的姿勢為止（圖 680）；

右手臂繼續向下翻轉成手心向上的攤手，而左手臂則翻轉成伏手的狀態，此時兩手仍是上下垂直而居於中線上（圖681）。

隨後，將右肘按原路線向上抬起，而左伏手則向下翻落（圖682）；

右肘繼續向上抬起至高過左肘的位置，而左伏手則繼續向下翻落（圖683、684）；

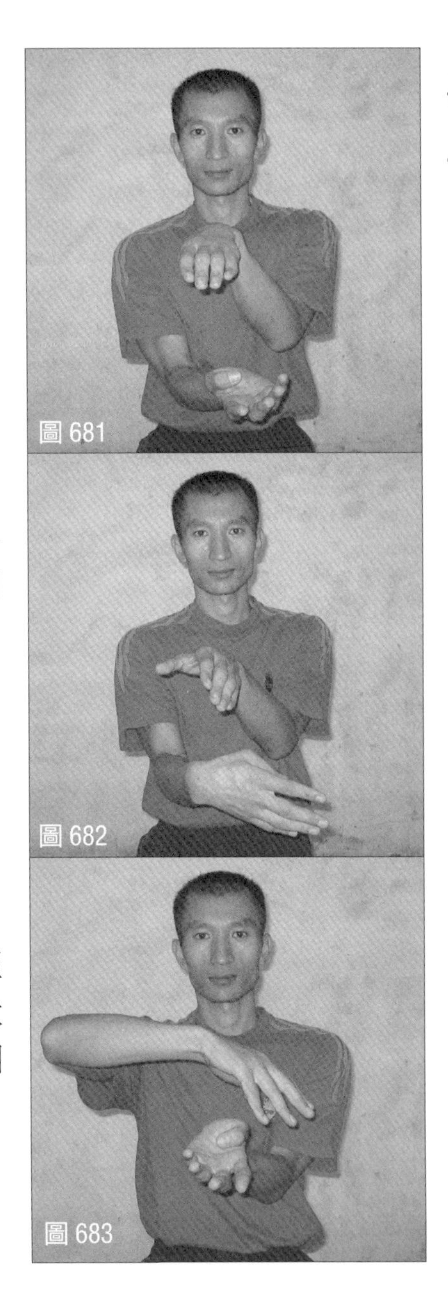
圖681
圖682
圖683

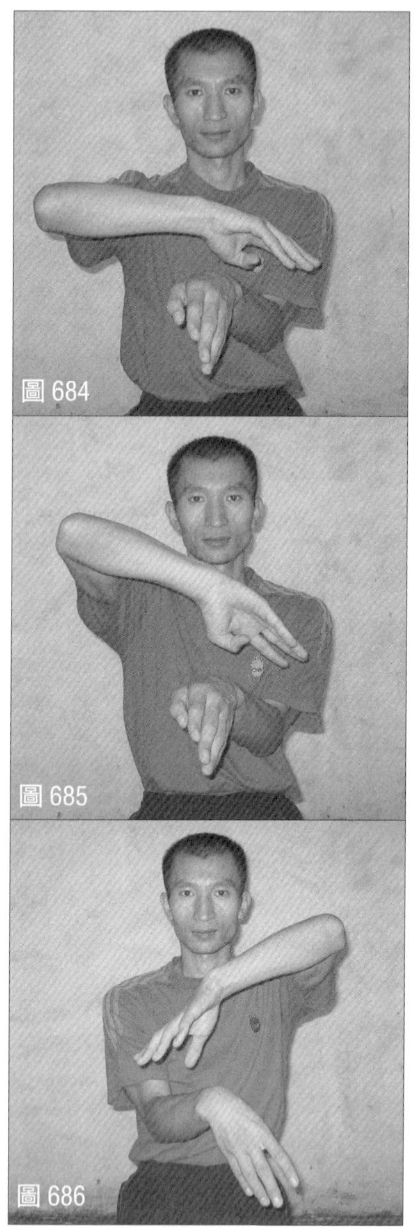
圖 684
圖 685
圖 686

右肘向上抬起到剛開始時的膀手狀態，而左手則仍恢復到原先的伏手狀態（圖 685）。

(2) 左膀、右伏－右伏、左攤－左膀、右伏的正面動作示範

練習時由正身箝羊馬開始，首先將兩手上下相疊置於中線上，也就是左手在上成膀手，右手在下成手心向下的伏手（圖 686）；

將左手向下進行翻轉，而右手則向上進行翻轉，雙手如抓住一個圓球般進行輕柔的翻轉（圖687）；

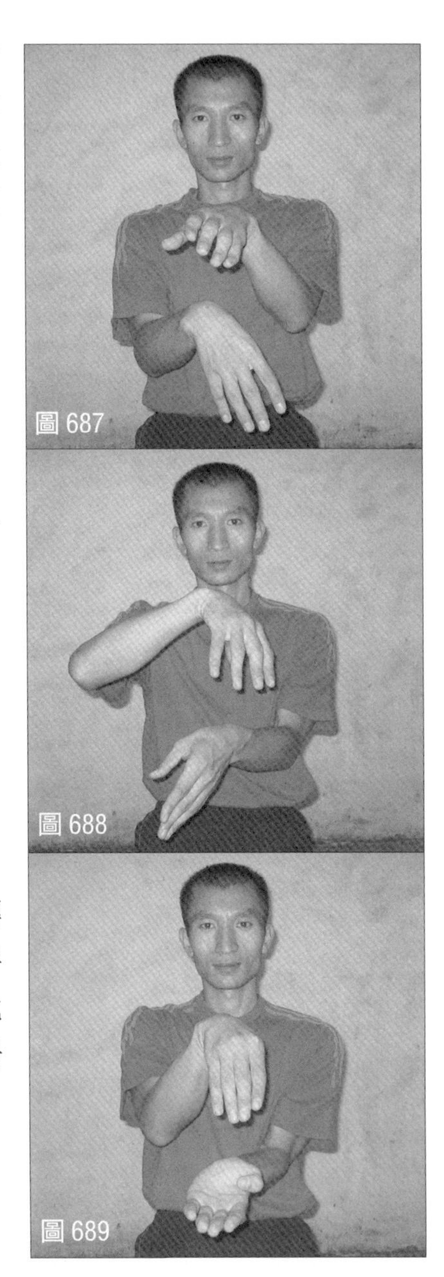
圖 687
圖 688
圖 689

雙手繼續進行翻轉，直至轉到左手處於右手下側的姿勢（圖 688）；

左手臂繼續向下翻轉成手心向上的攤手，右手臂則向上翻轉成伏手。此時兩手仍是上下垂直，居於中線上（圖 689）；

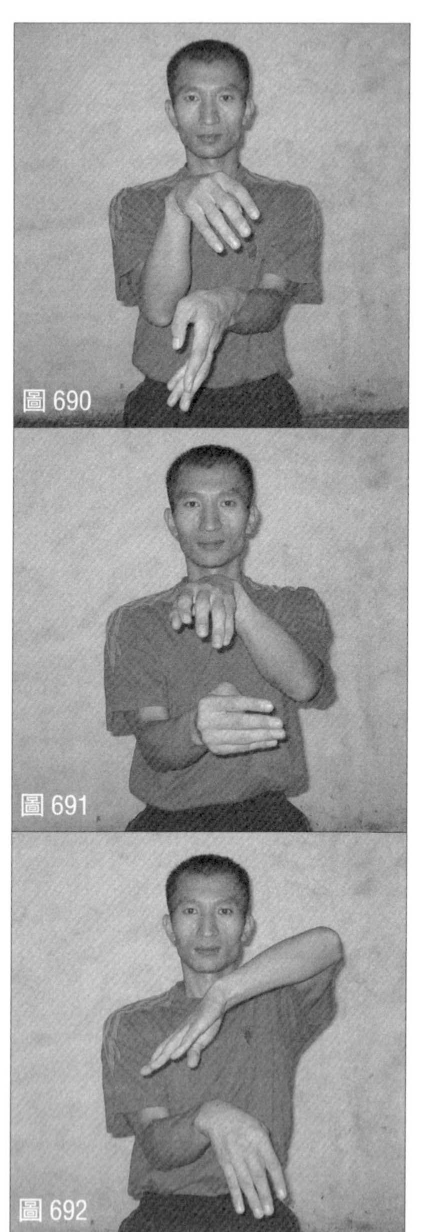
圖 690
圖 691
圖 692

隨後，將左肘按原路線向上抬起，而右伏手則向下翻落（圖 690）；

左肘繼續向上抬起至高過右肘的位置，而右伏手則繼續向下翻落（圖 691）；

左肘向上抬起到剛開始時的膀手狀態，而右手仍恢復到原先的伏手狀態（圖 692）。

3. 盤手練習

當上述粘手練習的動作掌握好後，便需要進行盤手練習了，然後再進一步由「盤手」過渡到「過手」練習。在詠春拳中，盤手也稱之為「碌手」，它是由雙方四隻手的旋轉、翻滾動作來達到攻守與鍛鍊手部感覺的目的。

雙粘手仍是以「膀、伏、攤」三勢力量體裁衣手法為主，由它們的相互粘靠、變化來鍛鍊你的應變能力，當然它們也是相生相剋的。雖然此處的「盤手」不能直接運用於實戰，但卻是一座通向實戰的橋樑，等到你的反應提高了、手部感覺敏銳了，再進行搏擊自是水到渠成。「盤手」雖看起來簡單，但要練至純熟程度，也不是一蹴可幾的。

雙方在練習時，不僅其中一方要將自己的兩手固定在一個假想中的圓圈中，而且雙方的四隻手都應置於此「圓圈」中，無論怎樣變化都不能脫出此圈的範圍。以便於能「粘」住對手，以及使動作變得更加簡捷、直接。

(1) 盤手的側面動作示範

練習時雙方由正身馬（熟練後可以站成前後腳開立的弓箭馬）開始，左邊拳手將左伏手壓於右邊拳手的右膀手上，而右邊拳手則將左伏手壓於左邊拳手的右攤手上（圖693）；

圖 693
圖 694

左邊拳手將右攤手向上抬起而向膀手過渡，而右邊拳手則將右膀手向右右攤手過渡，也就是想把左邊拳手的左臂擠至外簾（圖 694）；

圖 695

圖 696

圖 697

左邊拳手將右臂上抬而完成右膀手動作，右邊拳手也將右膀手向下、向外旋轉而完成右攤手動作，此時左邊拳手把左手以伏手壓在對方右攤手上，而左邊拳手則把左伏手壓在右邊拳手的右膀手上（圖 695）；

接下來，左邊拳手將右膀手向下回落，向右攤手過渡，右邊拳手則將右攤手上抬向右右膀手過渡，同時左邊拳手也要把左臂向上抬高（圖 696）；

雙方逐漸回復到剛開始時的起式姿勢，也就是左邊拳手以左伏手壓於右邊拳手的右膀手上，而右邊拳手則將左伏手壓於左邊拳手的右攤手上（圖 697）。

以上過程為一個自然循環，雙方可進行反覆練習，或是交換動作進行練習。

(2) 葉問宗師與李小龍的示範

（圖 698、699）為李小龍早年同恩師葉問練習粘手時的珍貴鏡頭。在這兩張不可多得的珍貴圖片中，李小龍先是左手成伏手壓於師父的膀手上，右手成攤手承受住師父的左伏手；

然後李小龍再將自己的動作變化成左伏手及右膀手。而處於左側的葉問宗師則先是左手成伏手，右手成膀手；然後隨著李小龍的動作變化而變成了左（高）伏手與右攤手。

由以上葉問宗師與李小龍的親自示範，當可加深你對雙粘手的進一步瞭解。

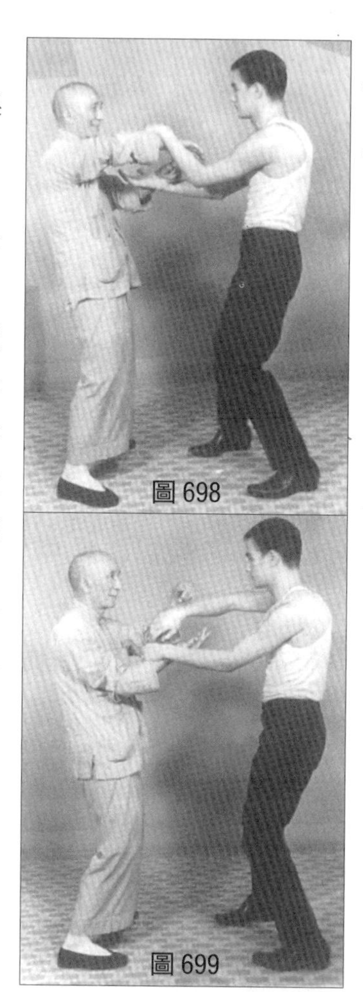
圖 698
圖 699

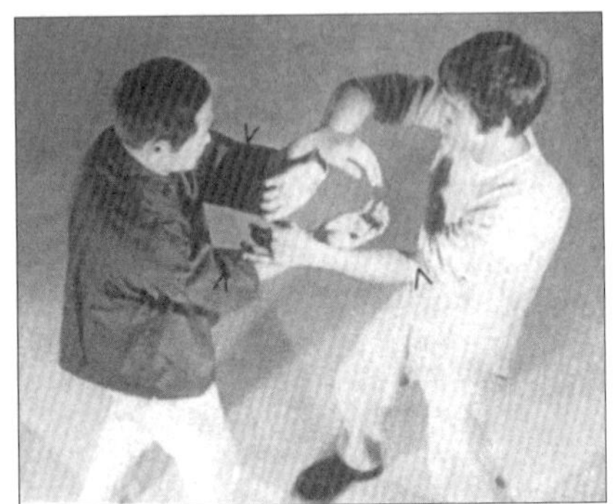

圖 700

圖 701

圖 702

（圖 700、701、702、703、704、705）為李小龍與葉問的嫡傳弟子黃錦銘所示範的盤手的剖面動作。

從圖中可以看出兩人的動作是相當緊湊、自然的，也就是不得「鬥力」，隨著練習時間的增長，雙方可以把眼睛用布蔽起來進行蔽目盤手，以進一步鍛鍊與培養人的感覺（聽勁）以及對時間與方位的控制、感應能力。

圖 703

圖 704

圖 705

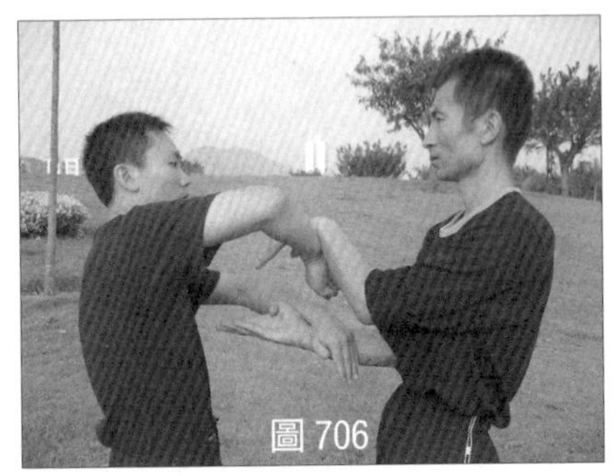
圖 706

（圖 706、707、708、709、710、711）為盤手的背面動作示範。

圖 707

圖 708

雙方仍需輕靈、自然的進行練習，並進而體會內力的運用。熟練後雙方可以站成前後腳開立的弓箭馬進行上述練習，或是邊用步法移動邊進行這種盤手練習，以使訓練與真實的搏擊更加貼近。

圖 709
圖 710
圖 711

4.過手練習

盤手的練習是為接下來的過手練習作準備的，因此一旦掌握了盤手後便需進行過手練習了。過手也可稱之為粘手對搏，是一種帶有搏擊性質的訓練方式，它雖距離帶護具的自由搏擊尚差一段距離，但卻是進行自由搏擊前所必須具備的一項極為重要的基本功與搏鬥基礎訓練課目。它是雙方在粘手過程中，突然出招攻擊對手，或是迅速格擋住對手的攻擊，並進一步去反擊對手的招式。

剛練習過手時，動作可以略微慢一點，不可急於求成，以免動作變形，這個時候可能要靠你的思維來控制你自己的動作。但隨著練習時間的增長，你的動作必會達到「本能化」的狀態，也就是隨著練習時間的增長你可以慢慢加快動作速度了，如此一來，你也就由「思維」逐漸演變成了「本能」，同時對對手的各種攻防動作，你也必會很自然地進行應對了。因為無論對方以何種動作攻來，你都會有恰當、有效的動作進行化解或反擊，而且你不必用眼睛去看對手，只是憑著你的手部感覺便已洞察到對手的一舉一動，如此，對手便已在你的牢牢掌控之中了。

圖 712

戰例示範 1：

我方與對方均以雙手「碌」在一起（圖 712）；

我方在將左手略下壓對方右臂以吸引其注意力的同時，突然將右沖拳快速沿「中線」向前攻出，目標是對手的心窩這一致命空檔處（圖 713）。

由於我是以「寸勁」去突然重擊目標，故殺傷力極大（圖 714）。

要求：右拳攻擊要突然、準確、短促、強勁，並須與左手下壓對方手臂的動作配合好。由於我的打擊距離極短，故對方很難防範我的右短拳狠擊。

戰例示範 2：

我與對方均以雙手「碌」在一起（圖 715）；

我突然將「左伏手」變為「標指」而迅速從對方右臂上面前攻，目標是對手的眼睛，此時對手必匆忙以右臂向上進行格擋，但此時他也勢必會放鬆對我右手的警戒（圖 716）；

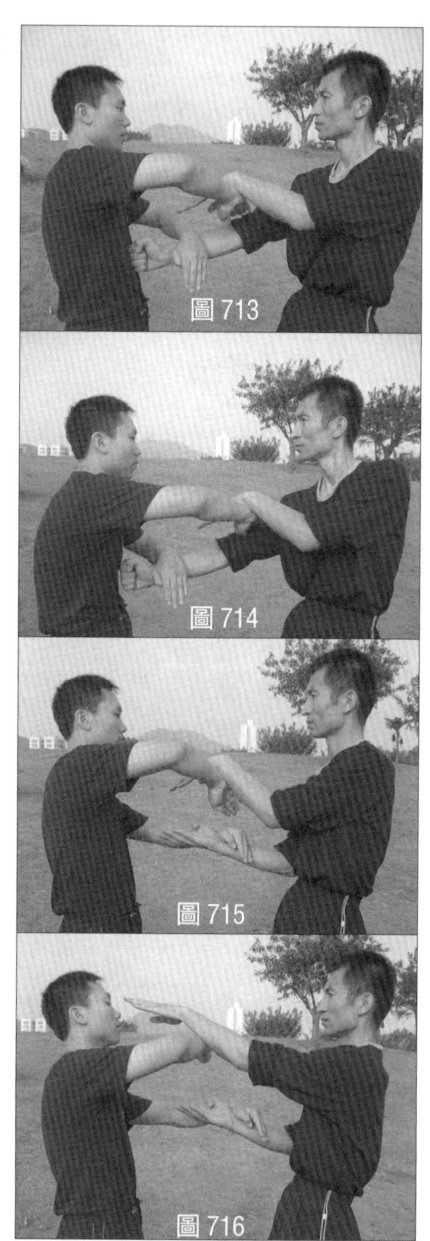
圖 713
圖 714
圖 715
圖 716

圖 717

此時，我可抓住瞬間的有利時機，突然將右沖拳快速向前攻出，目標是對手的心窩空檔處，在對手的意料之外得手（圖717）；

圖 718

我強猛的「寸勁拳」重擊可能會將對手擊昏或擊倒在地（圖 718）。

要求：左手佯拳攻要突然、逼真，右拳狠擊要連貫、準確、有力、迅猛，整套動作須於瞬間完成。

圖 719

戰例示範 3：

我與對方均以雙手「碌」在一起（圖 719）；

圖 720

我方突然將左伏手越過對方的右臂而壓住對方的左臂，也就是形成詠春拳中所特有的「一伏二」（也叫「一管二」）狀態，同時右拳則須抽出而準備向前進行攻擊（圖720、721）；

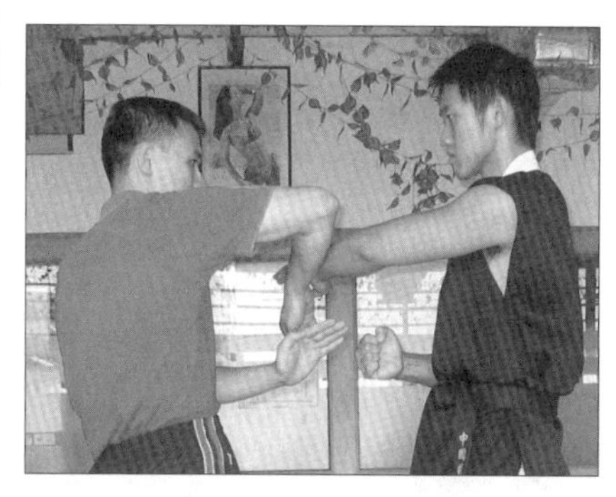
圖 721

在左臂繼續向下壓落對方雙臂的同時，我右沖拳早已對準對方面門閃電般地攻出（圖 722）；

圖 722

圖 723

右拳應用爆炸力去轟擊對手臉部這一致命要害處（圖 723）。

要求：左手下壓對手兩臂的動作要快、要及時，右拳向前攻擊要迅速、準確、兇狠，並且是由放鬆的狀態下攻出，以求「爆炸力」或「寸勁」的極限發揮。

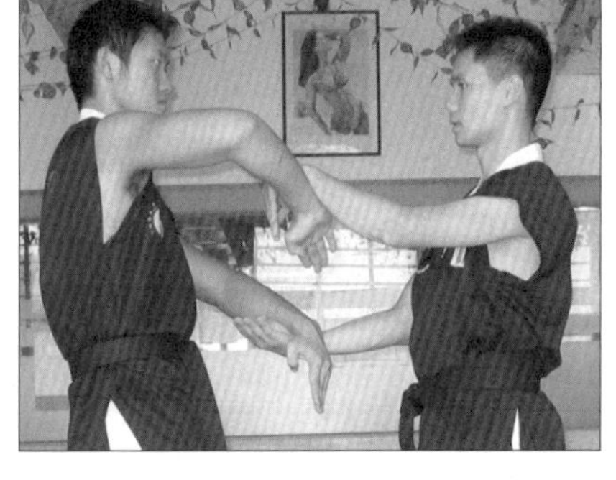

圖 724

戰例示範 4：

我方與對方均以雙手「碌」在一起（圖 724）；

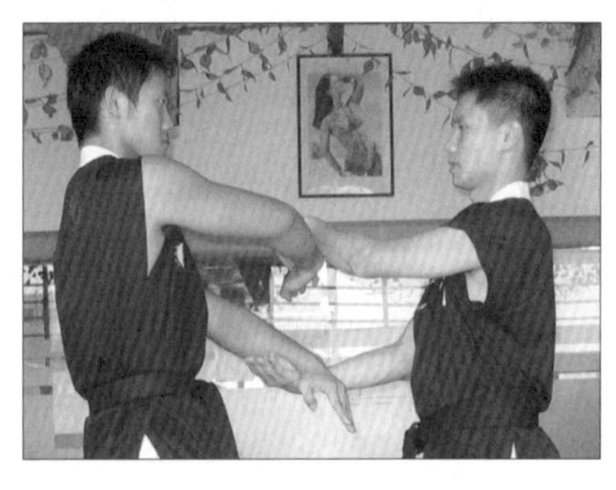

圖 725

我突然用左手向右（向裏）快速拍（推）擊對手右臂，用以破壞對手的重心平衡和防禦體系（圖 725）；

接下來，迅速將右手由對手右臂下穿過而去抓握其右臂（圖 726、727）；

圖 726

圖 727

我在右手抓牢對手右臂後，應順贄向右後方進行猛力牽拉，以迫其失去重心平衡，同時應對準對手臉部準確攻出左沖拳（圖 728）；

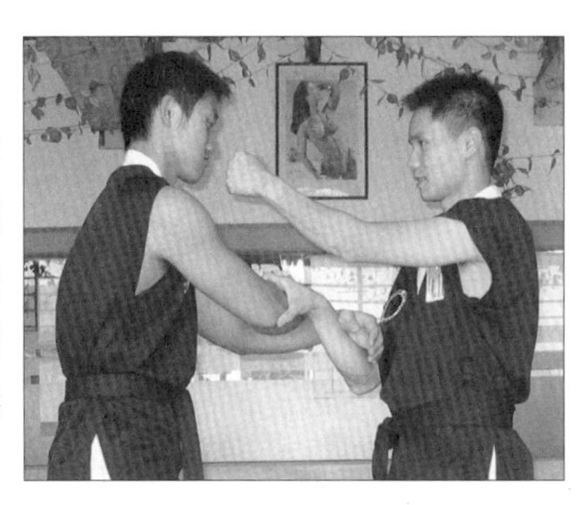

圖 728

我在右手繼續後拉對手右臂的同時，左拳早已狠狠擊中了對方臉部空檔處（圖 729）。

圖 729

要求：左手橫拍（推）對手右臂要突然；右手從其右臂下穿過反抓其右臂要快、要準確，後拉及時、有力；左拳重擊果斷、強勁，並須與右手後拉其臂的動作配合好，整套動作於瞬間完成。

戰例示範 5：

我方與對方均以雙手「碌」在一起（圖 730）；

圖 730

在「盤手」的基礎上，我右肘上抬變成「膀手」（圖 731）；

圖 731

我突然用「右膀手」向裏推壓對手左臂，用以破壞對手的防禦體系，同時迅速將左手由對手左臂下穿過而去反抓其左臂（圖 732）；

圖 732

我在左手抓牢對手左臂後，應順勢向自己的左後方進行猛力牽拉，以迫其失去重心平衡，同時應對準對手臉部準確攻出自己的右沖拳或右掛捶（圖 733）；

圖 733

我方在左手繼續後拉對手左臂的同時，右拳早已重重擊中了對手臉部或太陽穴等致命空檔處（圖 734）。

要求：盤手要自然，不可暴露出意圖，右臂推拍對手左臂要突然；左手從其左臂下穿過反抓其左臂要快、要準確，向左後方後拉及時、有力；右拳重擊要果斷、兇猛，並須與左手後拉其左臂的動作配合好，力求一擊制敵。

圖 734

圖 735

戰例示範 6：

我方與對方均以雙手「碌」在一起（圖 735）；

圖 736

我方在將右臂向上抬起變成「膀手」的過程中突然向左側拍出，去快速拍擊對手右臂內側，用以破壞與打亂對手的防禦體系（圖 736）；

圖 737

接下來迅速將右手向下順勢拍壓對手右臂，用以削弱其防禦能力，同時我應準備攻出左手去重擊對的上盤空檔處（圖 737）；

我應將右手繼續向右下方勾拉對手右臂，以迫其轉身而以側面對著自己（實際上是減弱了對手的反擊能力），同時左「高位側掌」也早已重重「鏟」中了對方下巴空檔處（圖 738）；當然，還可再根據實際情況連續攻出右掌去重擊對手。

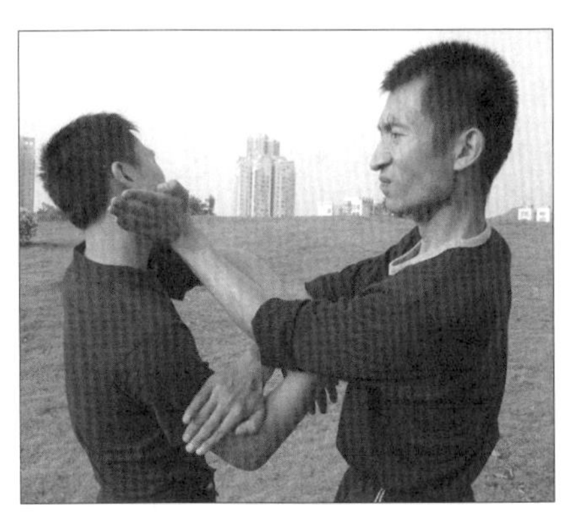

圖 738

要求：右手橫拍敵右臂要突然，並須順勢向下、向右勾拉敵右臂，以便進一步破壞其重心，同時也為左掌重擊進一步創造有利條件；左掌重擊要準確、兇狠，並須與右手牽拉對手右臂的動作配合好。整套動作一氣呵成。

圖 739

戰例示範 7：

我方與對方均以雙手「碌」在一起（圖 739）；

我將左手突然前推對手「右膀手」的前臂，用以吸引對手的注意力與破壞其防禦體系（圖 740）；

圖 740

圖 741

我在左手前推對手右臂的同時，「右攤手」早已迅速變成沖拳並果斷擊向對方中盤，攻敵以措手不及（圖 741）；

圖 742

為了進一步制伏對手，可速將左手順勢向下推壓其右手臂，也就是將其右臂壓在其左臂上（「一伏二」），同時向對方臉部迅速攻出右沖拳或右掌（圖 742）；

右拳（或掌）應沿中線去徑直重擊對手臉部這一致命空檔處（圖 743）。

圖 743

要求：左手向前推壓對方右臂要及時、快速；右拳攻擊對手心窩要突然、準確、兇狠；左手向下推壓其右臂要連貫，右拳重擊須與左手推壓其右臂的動作配合好。

戰例示範 8：

我方與對方均以雙手「碌」在一起（圖 744）；

圖 744

我仍用左手向前推拍對手右膀手的前臂外側，用以吸引對手的注意力（圖 745）；

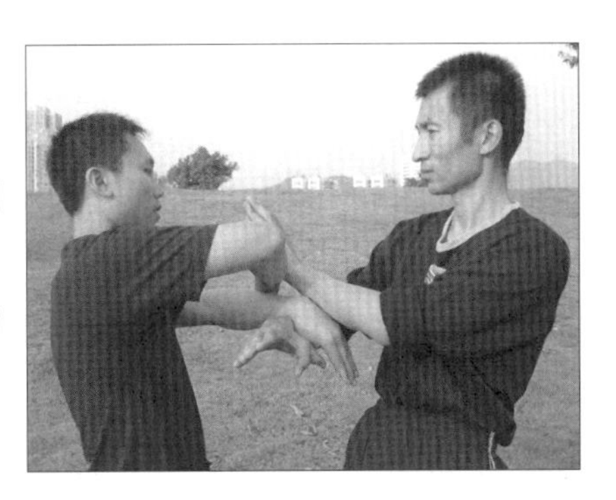

圖 745

接下來，我迅速將右攤手從對方右臂下穿過而去反抓其右膀手之前臂，從而牢牢控制住對手（圖 746）；

圖 746

隨後在將右手用力後牽對手右臂的同時，迅速向對手的臉部攻出既快又狠的左沖拳（圖 747）；

由於我的左拳是放鬆的打出，故速度極快，並且滲透力極強（圖 748）。

圖 747

要求：左手推拍對方右臂要及時、快速；右手反抓其右前臂要準確、連貫；右手向下拉壓對手右臂要迅速、有力，這實際上也是一個「一伏二」的動作，因為我所拉的右臂又剛剛好壓在對手自己的左臂上；左拳重擊要快、要準，並須與右手拉壓其右臂的動作配合好。

圖 748

戰例示範 9：

我方與對方均以雙手「碌」在一起（圖 749）；

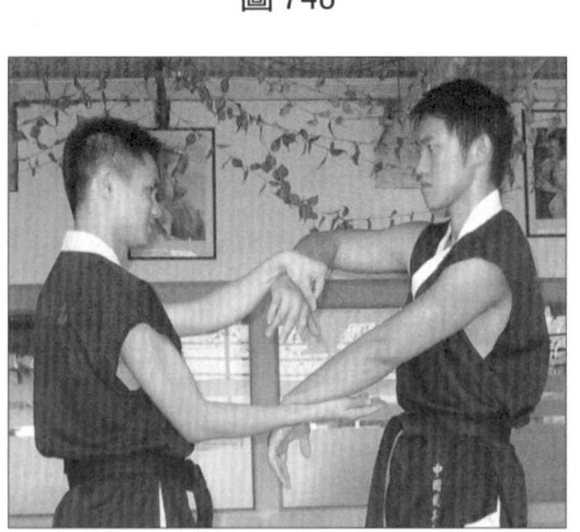

圖 749

我突然將左伏手變為沖拳而迅速向前攻出，目標是對手的面門（圖750）；

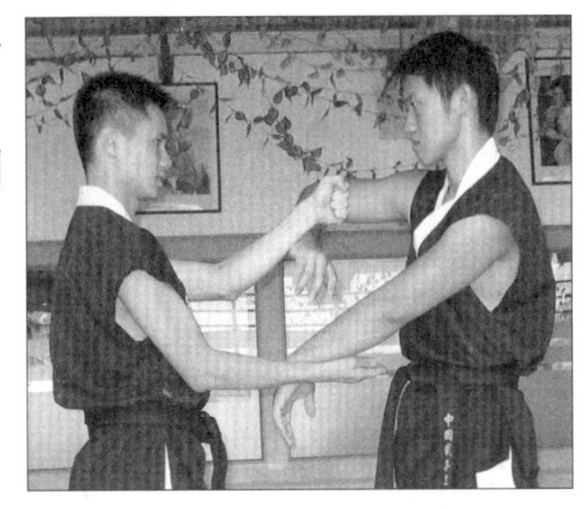

圖 750

我在左拳攻擊的同時，可速將右手拍向左側去向下控制住對方右臂（圖751）；

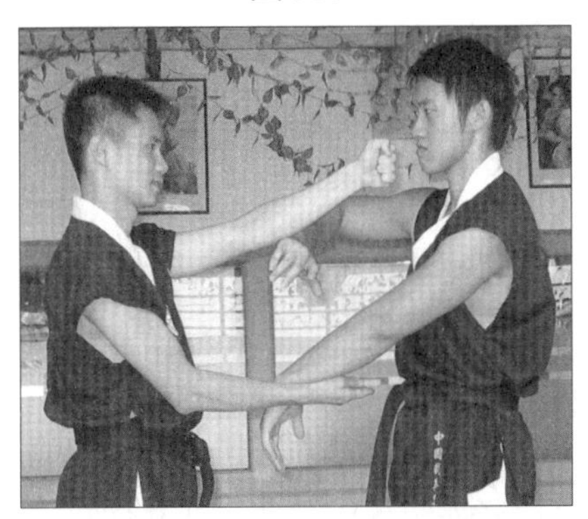

圖 751

面對我的左拳突擊，對手必匆忙以左手臂去格擋（圖752）；

圖 752

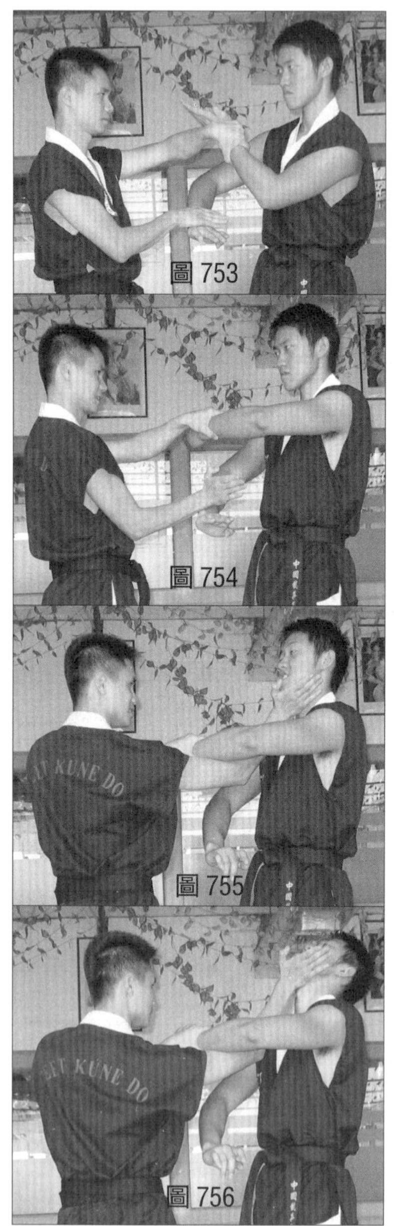

圖 753
圖 754
圖 755
圖 756

此時我可抓住瞬間的有利時機，將左手順勢抓住對方左腕並猛然用力向自己的左後方進行牽拉（圖 753、754）；

在左手繼續向左後方牽拉對手左臂的同時，速將右掌從其右臂下穿過，並借左手後拉其左臂之勢而閃電般地去突然「鏟」擊對方下巴或頸側等致命空檔處（圖 755）；

予對手以致命性創擊（圖 756）。

要求：左手攻擊突然，並且可真可假，如對手未能反應過來時，便是真實動作的打擊，當然它還應與右手的下壓對方右臂的動作配合好，因為正是右臂向下控制住了對方右臂，因此左拳才有可能擊中對方；接下來左手順贄下拉其左臂的動作要迅猛、有力；右掌從對手右臂下重擊其下巴要巧妙、準確、兇狠，力求一擊制敵。

圖 757

戰例示範 10：

我方與對方均以雙手「碌」在一起（圖 757）；

圖 758

在盤手的基礎上，對方突然將其左伏手變成沖拳並向我中盤攻來（圖 758）；

圖 759

這時我速將右攤手向外格擋對方左臂內側，將對方重拳化解掉（圖 759）；

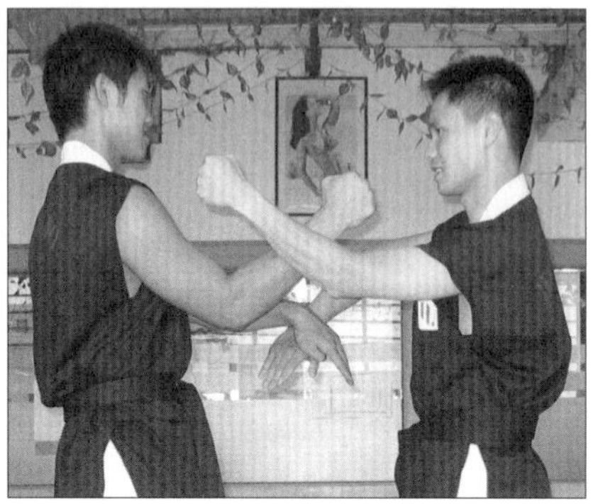
圖 760

接下來，我在左手外擋對手右臂的同時，將右手變拳並沿「中線」快速攻向對手面門（圖 760）；

圖 761

由於我的右拳又快、又準，且攻擊距離極短，故命中率極高，足可給對手造成致命性創擊（圖 761、762）。

當然，還可再根據實際情況連續攻出左手（拳或掌均可）去重擊對手。

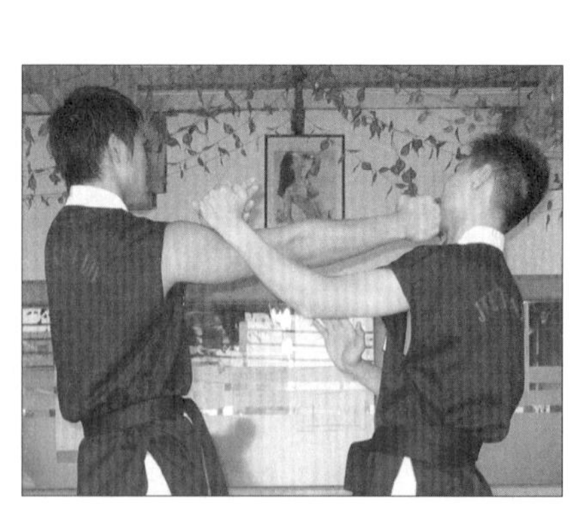
圖 762

要求：右攤手外擋對方左沖拳攻擊要果斷、及時，右拳反擊對手面門或喉頸要果斷、迅猛，並且還可再連接（圖 736－738）的動作去進一步重創對手。

詠春拳絕招——一伏二訓練

「一伏二」也叫「一捆二」，是詠春拳中的絕招之一，向來是師傅輩的高手們所慣用的高招之一。看過詠春拳高手實戰的人可能都會有這樣的印象，他們看似輕描淡寫的動作，就可以用一隻手去有效地控制住對方兩隻手，然後用另一隻手去重擊對手。而且無論對方身型有多大，都可輕鬆去施招。其中的奧妙就是巧妙的利用對方的一隻手來反壓其另一隻手，這一點你可能沒有想到吧。

眾所周知，詠春拳是由一位女性所創，作為女性她自然無法以蠻力去同強敵對抗，而運用此種「以彼之力制彼」的技巧則可將戰勝強敵變成現實。當然對於外行人來說，以自己的一隻手去控制住對方的兩隻手似乎有點不太現實，但從詠春拳的角度來講，它完全是利用技巧及力學原理去巧妙的控制對手，而絕非用蠻力，如果是用蠻力，你可能就連用一隻手去控制對方的一隻手都困難。如此說來，高度技巧性是詠春拳的立拳之本就無可置疑了。

在詠春拳中，「粘手」已經作為絕學而不輕易示人與傳人，而實際上「粘手」也還只是自由搏擊訓練前的一個前提（或稱之通向自由搏擊的一座橋樑）；不同的是，

「一伏二」已經是詠春拳自由搏擊中的高級課程。掌門師父更是不會輕易傳授此等秘門高招的，而此等招式主要是教給一些重要的教練來練習，以便讓他們在一些特定的場合來展示詠春拳的魅力的，事實上它也的確可以起到一定的震懾性作用。

圖 763

戰例示範 1：

我以詠春擺樁對敵（圖 763）；

圖 764

我突然向對手上盤攻出右沖拳，此時對手必用其右臂向外進行格擋（圖 764）；

圖 765

接下來，我在右拳順勢向右下方牽拉對方右臂的同時，再向前快速攻出左沖拳去攻擊對手面門（圖 765）；

此時對手必匆忙用左手臂來格擋我的左沖拳（圖 766）；

隨後我可將左拳變掌順勢抓住對方左腕並猛然用力向左側進行牽拉與推壓，也就是用對手的左臂去壓住其自己的右臂（圖 767）；

至此，在對手兩臂均無法動彈的情況下，我應借機閃電般地攻出右沖拳去突然重擊其方頭、臉部等致命空檔處（圖 768、769）。

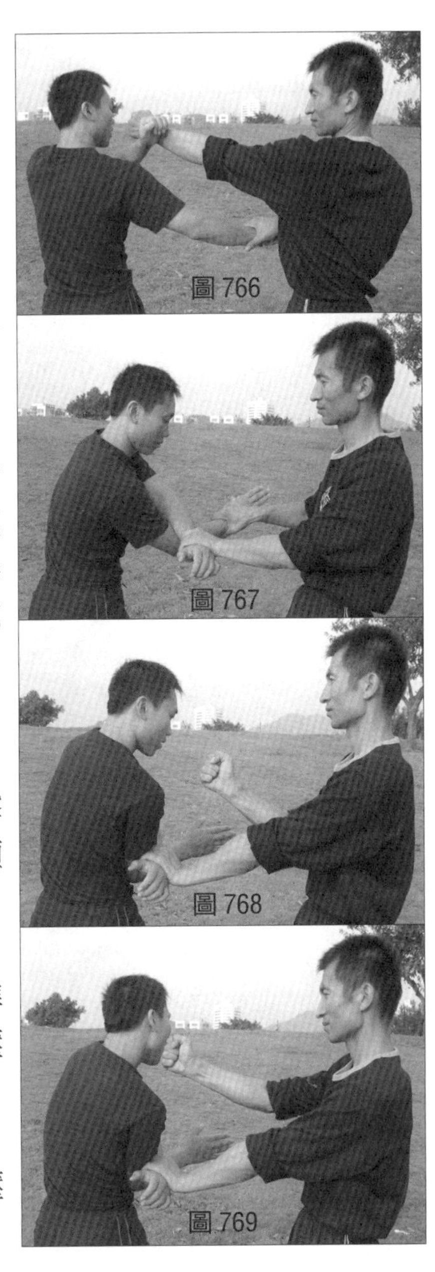
圖 766
圖 767
圖 768
圖 769

要求：右拳要攻擊突然，並且可真可假；順勢下拉對手右臂要連貫；左拳連擊要快速、有力，順勢抓拉其左臂時要準確、迅猛，利用其左臂壓（控制）其右臂要牢固，最後的右拳重擊應及時、兇狠，並須與左手的推壓動作配合好。

戰例示範 2：

我以詠春擺樁對敵（圖 770）；

圖 770

我突然向對手上盤攻出右沖拳，此時對手可能會用其前面的手臂進行格擋（圖 771）；

圖 771

當對方在格擋開我方的進攻後又順勢向下推壓我方的右臂時，我應迅速向前伸出左手去準備抓握對方的左臂（圖 772）；

圖 772

我用左手牢牢抓住對方左腕並猛然用力向自己的左後方進行牽拉，用以破壞對手的重心平衡，同時又向對方臉部空檔處攻出了右掛捶或右沖拳（圖 773）；

圖 773

面對我的「右掛捶」重擊，對手必用其右臂去進行外擋（圖774）；

圖774

此時我可將右拳再順勢變掌並抓住對方右腕用力向自己的右後方進行牽拉，使對方的兩臂上下重疊交叉，也就是左手抓住對方左臂向左側拉動，右手同時抓住其右臂向右側拉動（圖775）；

圖775

隨後，我在將右手前推對手右臂，並用其右臂壓牢其左臂的同時，閃電般地攻出自己的「左沖拳」，目標仍是對手的面門或下巴等致命空檔處（圖776）；

圖776

圖 777

我的左拳需借右手後拉或推壓對手右臂之勢迅速攻出，並用「瞬間爆炸力」去狠擊目標（圖777）。

要求：右拳攻擊要突然，左手順勢下拉對手左臂要準確、及時，而且一旦抓住就不放手；右掛捶重擊要快速、突然、有力，順勢抓拉其右臂時要迅猛，利用其右臂推壓其左臂要牢固、有效，最後的左拳重擊須及時、兇狠，並與右手的推壓動作配合好。

圖 778

戰例示範 3：

我以詠春擺樁對敵（圖 778）；

圖 779

我突然向對手上盤攻出右沖拳，此時對手必用其右臂向外進行格擋（圖779）；

接下來，我可順勢將右拳變掌並向右後方猛力牽拉對方右臂，同時再向前快速攻出左沖拳（圖780）；

圖780

此時對手必匆忙用其左手向外進行格擋，也就是用其左手格擋我左拳背側（圖781）；

圖781

此時我可將左拳變掌順勢抓住對方左腕，並猛然用力向自己的左後方進行牽拉，將之推壓於其右大臂上，這時對方的兩手臂都已被我牢牢擒住（圖782）；

圖782

圖 783

隨後我應速將對手的兩臂推向其身體，也就是用對手的左臂去壓住其右臂，同時我應對準對方的臉部攻出足以致命的「右沖拳」（圖 783）；

至此，在對手兩臂均無法動彈的情況下，我的右沖拳必將打擊的威力發揮至極限（圖 784）。

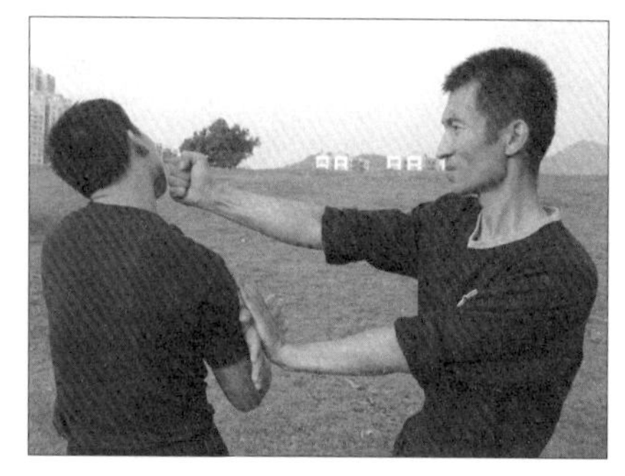
圖 784

要求：右拳攻擊要突然，順勢下拉對方用來防禦的右臂要連貫、有力；左拳連擊要快速、強勁，順勢抓拉其左手時也要準確、迅猛，利用其左臂（左手）推壓其右臂要牢固；最後的右拳重擊須及時、兇狠，並與左手的推壓動作配合好。

圖 785

戰例示範 4：

我以詠春擺樁對敵（圖 785）；

對方突然以右沖拳向我上盤攻來，我速用右臂去外擋對方右臂外側（圖786）；

圖 786

若對方反應甚快而順勢將右拳變掌並牽拉我右臂，同時又用其左沖拳又向我上盤攻來時（圖787）；

圖 787

我可速用左手向左側快速拍擋對方左腕外側，用以化解其重擊（圖788）；

圖 788

圖 789

接下來，不待對方將左拳收回，我早已用左手反抓其左腕並向左下方猛力牽拉，同時將自己右手猛力上抬，也就是借敵方兩臂上下「相磕」之力去巧妙的解脫對手對我方右腕的抓拿（圖 789）；

圖 790

如果對方對我右腕的抓拿極為強勁，而無法借其兩臂上下「相磕」之力來解脫右腕時，我可順勢用右手向下抓拿對方左腕，從而騰出左拳來攻擊對手（圖 790）；

圖 791

此時我方左拳應借右手向下拉壓對手左臂之勢，而去準確的重擊對方的頭臉部致命空檔處（圖 791）；

要求：在實戰中，本招法的運用有兩種情況，一種是當我方借對手兩臂上下「相磕」之力解脫出右拳時，要迅速用右拳向對方臉部發起反擊行動；第二種情況是，當無法借其兩臂上下「相磕」之力來解脫出右拳時，再用右手順勢下抓其左臂，然後用左拳發起反擊，而且左拳打擊須與右手向下推壓敵左臂的動作配合好。事實上我此時仍是用對方左臂來控制其右臂的。

圖 792

戰例示範 5：

我以詠春拳擺樁與對手「手搭手」對峙（圖 792）；

圖 793

我突然用左手向前拍壓對方右臂的同時，果斷攻出「右沖拳」去狠擊對方臉部（圖 793）；

此時對手必用其左手進行格擋，在這裏無論對手是向裏擋、還是向外擋，我都須速將右手順勢向內側推壓對方左手臂，將其牢牢控制住（圖 794）；

圖 794

圖 795

同時疾將左手從對方左臂下穿過，而從外側去反抓對方左腕（圖 795）；

圖 796

接下來，我應用左手猛力向左後方牽拉對手左手臂，用以破壞對手的重心平衡和防禦體系，同時迅速向對手的上盤攻出「右掛捶」或「右沖拳」（圖 796）；

對手也必會用其右臂外側來格擋我方「右掛捶」重擊（圖 797）；

圖 797

我在左手用力向左下方牽拉對手右臂的同時，右手也應順勢向右下方猛拉其右臂，也就是使對手的兩臂上下相交叉（圖 798）；

隨後，我在將右手繼續向前下方用力推壓其雙臂而使之貼緊其身體的同時，左拳早已從下面抽出並快速攻向其臉部（圖799）；

我左拳應沿直線快速果斷地去狠擊對方頭臉部要害處，力求一擊制敵（圖800）。

圖798

要求：開始的左手拍壓對手前臂的動作需與右拳攻擊其臉部的動作要配合好，基本是同步而出；右拳攻擊其上盤及時、有力，順勢向下拍壓其左手準確、有效；左手從其臂下穿過去反抓其左臂應連貫，左手向自己左後方牽拉其左臂迅猛；右掛捶重擊對方臉部果斷、兇狠；右手順勢下拉對方右臂要快而有力，左拳重擊其臉部動作需跟右手推壓其臂的動作配合好，整套動作一氣呵成。

圖799

圖800

圖 801

戰例示範 6：

我以詠春擺樁對敵（圖 801）；

圖 802

我突然向對手上盤攻出右沖拳，此時對方可能會用其後手向內側拍防我右臂（圖 802）；

圖 803

對方一旦左手向內拍防成功，必又會用其「右沖拳」向我上盤或中盤反擊過來，此時我可速用左手向下、向內拍防其右腕，化解其重擊（圖 803）；

此時，對方也可能會用左手向內側繼續推拍我右臂，但無論其推與不推，我都應順勢用右手向下牢牢抓握住敵方右手腕，同時我方還應用右肘向前擠壓對方左臂，用以限制其做動作，當然左拳也應乘機向前沖出去狠擊對方臉部（圖 804）；

圖 804

我左拳應徑直向前快速沖擊（圖 805）；

圖 805

對方必會用左臂外擋我左拳（圖 806）；

圖 806

圖 807

隨後，我應順勢將左拳變掌並牢牢抓握住對方左腕，然後猛然用力向左後方進行牽拉，用以破壞對手的重心平衡，同時右手也應抓住對方右腕並用力向上推，使對方兩臂上下交叉（圖 807）；

圖 808

接下來，我在右手上推對手右臂而使其右臂夾（壓）住自己左臂的同時，我方的「左沖拳」也又已重重擊向對方臉部空檔處，將其擊昏或仰面擊倒在地（圖 808、809）；

圖 809

要求：左手向下拍壓對手右臂要快，右手順勢下抓其右腕要及時，左拳反擊臉要連貫、有力；左手順勢拉下其用來格擋的左臂要敏捷、果斷，右手向上推壓對方右臂需與左手下壓其左臂的動作配合好；最後的左拳狠擊也應與右臂向上推壓其右臂配合好，整套動作一氣呵成。

圖 810

戰例示範 7：

我以詠春擺樁對敵（圖 810）；

圖 811

我突然向對手中盤攻出右沖拳，此時對手必用其前手向下拍防我右臂（圖 811）；

圖 812

對方一旦左手向下拍防成功，必又會用其右沖拳向我上盤反擊過來（圖 812）；

圖 813

這時我可速用左手向裏拍防對方右臂背側，用以化解其重擊（圖 813）；

圖 814

接下來，我應順勢將左手向內側推拍對方右臂，同時右手臂也向左側推格對方左臂，也就是此時使對手的兩臂上下相交叉，不過此時我仍未放鬆對其雙臂的控制（圖 814）；

圖 815

隨後，我在將左手繼續向前下方推壓對手雙臂而使之貼緊其身體的同時，右拳早已從下側抽出並快速攻向對方臉部空檔處（圖 815）；

我右拳應沿直線（中線）果斷地攻向對方頭臉部致命要害處，力求一招制敵（圖 816）。

要求： 右拳攻擊要突然，左手橫拍其右臂要準確、及時，並須順勢下壓對方右臂來以此控制住對方左臂；右拳反擊對方臉部要快速、強勁，整套動作於瞬間完成。

圖 816

戰例示範 8：

我以詠春擺樁對敵（圖 817）；

圖 817

對方突然向我上盤攻出「右沖拳」，此時我可速用後手向內側拍擊其右臂外側，將對方重擊化解掉（圖 818）；

圖 818

圖 819

我方在左手向內側拍開對方右拳的同時，右拳早已從「內門」快速攻向對方臉部，此時對手必匆忙用其左手向外進行格擋，也就是用其左手格擋我右臂內側（圖 819）；

圖 820

接下來，我疾將右手順勢抓住對方左手並推壓向其右臂，也就是利用其左手來控制住其右臂（圖 820）；

圖 821

我在右手牢牢控制住對方雙手的同時，左拳則應不失時機的快速攻向對方臉部空檔處（圖 821）；

我在右手將對方雙臂推壓在其身體上的同時，左拳已重重擊中了對方臉部要害處（圖 822）；

圖 822

要求：左手橫拍敵右臂要快速、準確，右拳反擊其臉及時，右手反抓其左手及順勢壓下其左手要連貫、有效，左拳狠擊其臉部要突然、迅猛，並須與右手下壓其左手的動作配合好。

戰例示範 9：

我以詠春擺樁對敵（圖 823）；

圖 823

對方突然向我上盤攻出右沖拳，此時我可速用後（左）手向內側拍擊其右臂外側，將對方重擊化解掉（圖 824）；

圖 824

圖 825

對方在右拳被我擋開的同時，又用其左拳連續攻來時，我可連續用右手向內側拍防其手臂外側（圖 825），化解對方的連續重擊，不過此時我左手並未放開對方右臂；

圖 826

隨後，我在左手繼續向內側推拍右臂的同時，右手也早已將對方左臂向左側推壓至其右臂上，以此形成「一伏二」狀態（圖 826）；

圖 827

接下來，我在用右手將對方兩臂推壓向其身體的同時，左拳也不失時機的快速攻向對方臉部空檔處（圖 827）；

此時對方為了防備被我方左拳擊到臉部，必會用其右攤手向外格擋我左臂內側（圖 828）；

圖 828

我可順勢將左手向內側拍壓下對方右臂，將其右臂推壓至能壓住其自己左臂的狀態（圖 829）；

圖 829

我在用左手將對方兩臂推壓向其身體的同時，右拳又已快速擊向其臉部空檔處（圖 830、831）；

圖 830

圖 831

最後，不待對方退卻，我早已又在疾將前腳插入其「中門」的同時，雙拳向後略收，準備向前攻出足以致命的「雙手沖拳」（圖 832）；

圖 832

雙拳應閃電般地分別狠擊其臉部和胸部，將其擊昏或重重擊倒在地（圖 833）。

圖 833

要求：左手橫拍對手右臂要快，右手橫拍其左臂要連貫；右手順勢推壓其右臂準確、及時；左拳反擊其面快速、有力，並須與右手向下推壓其臂的動作配合好；左手順勢壓下對手右攤手要快速、有效；右拳狠擊其臉部要突然、迅猛，接下來的雙拳同時重擊要果斷、強勁，予其以致命性重創。

戰例示範 10：

我方以詠春擺樁對敵（圖 834）；

圖 834

對方突然向我中盤攻出右沖拳，此時我可速用其左手向內、向下拍防對方右臂（圖 835）；

圖 835

接下來，我疾用右沖拳去反擊對方上盤，此時對方必會用左手向內、向下拍防我右腕，用來化解我的右拳反擊（圖 836）；

圖 836

此時，對方也可能會用左手向內側繼續推拍我右臂，從而形成一伏二之勢（圖 837）；

為了化解對方的一伏二，我可速向左側轉身，並將右手變成膀手，成功化解對手的控制動作（圖 838）；

當對方又連續用右拳向我上盤攻來時，我可在繼續向左轉體進行閃避的同時，迅速用左手向外去格擋對方右臂內側（圖 839）；

隨後我應順勢用左手抓握住對方左腕，並猛然用力向我的右側進行牽拉和擰轉，用以破壞對手的重心平衡，也使對方兩臂上下疊壓（圖 840、841）；

圖 840
圖 841
圖 842

接下來，我在左手繼續推壓對手右臂而使其右臂壓牢其自己左臂的同時，我的右掛捶（或直沖拳）又已重重擊向對方頭部空檔處（圖 842）；

圖 843
圖 844
圖 845

由於我的「右掛捶」是由放鬆的狀態下「彈射」而出，因此速度極快、殺傷力極強，足可將對手擊昏或擊翻在地（圖 843）。

本招法主要講解的是如何化解對方的一伏二。

要求：左手向下拍壓對手右臂要快，右拳反擊及時；轉身化解對方一伏二要快，右膀手要配合好轉身化解的動作；左手格擋其右拳要準確，順勢抓拉其右臂要敏捷、果斷；右掛捶反擊對方上盤要強勁、突然，並與左手下壓其右臂的動作配合好，整套動作一氣呵成。

戰例示範 10：

在實戰搏擊中，對方又用右手推壓住我右手時，由於我右手已壓住了自己的左手，從而形成了對敵方有利的「一伏二」

之勢（圖 844）；

為了化解對方的「一伏二」，我可迅速向左側轉身，透過快速的轉身動作將左手從自己的右臂下抽出（圖 845）；

當對方又連續用左拳向我上盤攻來時，我疾用左手向左側去格擋對方左臂外側，化解對方拳法重擊（圖 846）；

隨後我應順勢用左手抓握住對方左腕，並猛然用力向自己的右側進行牽拉和擰轉（圖 847）；

右手也猛然用力向右上方進行提拉，藉由使對方兩臂上下相交叉的動作來使對手兩臂上下「相磕」，從而輕鬆解脫對方右手對我右腕的抓拿（圖 848）；

圖 846
圖 847
圖 848

圖 849

圖 850

接下來，我在左手繼續牽拉敵左臂而使對方進一步失去重心的同時，果斷攻出右掛捶（或右沖拳），目標是對方頭、臉部空檔處（圖 849）；

由於我的右掛捶（或右沖拳）是由放鬆的狀態下閃電般攻出，因此速度極快、殺傷力相當驚人，其威力足可將對手擊昏或擊翻在地（圖 850）。

本招法同樣講解的是如何化解對方一伏二的妙招。

要求：向左側轉身要快，這是能否解脫對方「一伏二」的關鍵所在；抽左手要迅速，左手橫拍其左拳要準確、要快，順勢擰拉動手左臂要連貫、有力；右拳反擊對方上盤要及時、強猛，並須與左手下壓其左臂的動作配合好，整套動作一氣呵成。

詠春拳答疑

自從《詠春拳速成搏擊術訓練》一書出版後，關於詠春拳的問題就不斷地從全國各地匯來，讀者熱情之高，問題的涉及面之廣，都令筆者應接不暇。因此，借本書出版之機，現對近期具有代表性的問題集中進行答覆，以方便讀者的學練。當然對書中不妥之處，還望大家見諒。

1.北京東城區詠春訓練中心黃金林，山東省萊陽市興隆商業大廈方久軍，臺灣臺北市中山龍武館蔡怡明問：你的《詠春拳速成搏擊術訓練》講得很詳細，但是我們還想瞭解一下詠春拳中還有什麼其他內容要學習，或者說整個詠春拳系統尚包括其他什麼具體內容？

答：詠春拳主要包括套路、粘手、搏擊、功力訓練、武器訓練等五大部分，現詳解如下：

第一、套路

（1）小念頭（初級入門套路）；

（2）尋橋（中級套路）；

（3）標指（高級套路）；

（4）木人樁法（詠春拳最高深套路，共116式）。

第二、粘手

（1）單粘手（手部感覺初級訓練）；

（2）雙粘手（手部感覺高級訓練）；

A. 盤手（體會與練習雙手「同步做動作」及鍛鍊手感）；

B. 過手（練習將套路中的實戰招式透過「粘手」發揮和運用出來）。

第三、自由搏擊

（1）本門拳手對搏：即本門詠春拳手穿戴全套護具進行實戰搏擊的練習，當然這種練習也是要循序漸進的，並有裁判進行指導，以免發生損傷事故。

（2）詠春拳手迎戰外門拳手搏擊法：也就是讓詠春拳手以本門技術去對抗其他不同流派的功夫，如泰拳、空手道、跆拳道、散打、柔道（柔術）、拳擊等等。

第四、功力訓練

（1）沙包訓練：磨練拳腳硬度、強化殺傷力及培養距離感。

（2）木人樁：培養實戰意識、增強手腳協調攻防能力、最大限度提升技術水準。

（3）牆靶訓練：磨練拳頭滲透力、增強攻擊的連貫與緊密性。

（4）吊腿樁訓練：增強腿部力量、強化平衡能力。

（5）藤圈手訓練：利用一個的藤圈來訓練兩手的協調，也就是強調兩手「攻防同動」，以及兩手攻防動作的緊密性與嚴密性。

（6）鐵臂功訓練：如無強勁的臂力根本無法打出足以致命的重拳，也無法形成嚴密的防守。

（7）內功訓練：鍛鍊內外合一之高度殺傷力和破壞力。

第五、武器訓練

(1)八斬刀訓練：詠春拳絕密技術，通常只授予高級教練，共8節精練的攻防動作。

(2)六點半棍：主要講述用棍搏擊的7個絕密法門，通常也僅授予本門高級教練。

2.陝西商州華嚴寺清空，湖南省長沙職業技能培訓學院唐朝，陝西漢中北關長和街方泉公司趙長江，福建省福州少林武術學校劉威問：我們已根據一些詠春拳資料練習了一段時間的「粘手」，但效果並不理想，總感覺到動作比較生硬，請問有什麼好的解決辦法？

答：很多人練習詠春拳時都容易陷入一個誤區，那就是用蠻力，而不是去體驗技巧的靈活運用和發揮，特別是練習「粘手」時，更應該放鬆，否則根本無法體會到良好的手感，也可以說僵硬是練習「粘手」的一大忌。因為粘手的目的就是用來鍛鍊手部感覺及本能反應的，它不是用來練力量的。一旦你的動作變得僵硬，便無法將手部感覺練至極為敏銳的境界了。

透過「粘手」的訓練，也就是將「眼看—腦想—做出反應」這三部曲簡化為「感覺—做出反應」，而去掉中間的「腦想」這個環節，甚至不用眼看。因為真正的高手之間的搏擊，可能只在幾分之一秒之間已決定勝負，你根本不可能憑記憶中的動作去搏擊，況且等你用腦想好後再指揮手腳做出反應時，可能已經來不及了。

當然，也可能還會有些讀者問，不用腦想而只憑本能與直覺做出反應，是不是太玄乎了一些。正所謂「難者不

會，會者不難」，大多數中醫師都可以由「把脈」來為患者準確診斷出病情，你說他們玄嗎？其實一點也不玄，只要你不懈的練習都可達到上述「粘手」之高深境界，「功夫不負有心人」是千古不變的永恆真理。

從另一個角度來講，你以前練習「粘手」並不成功的原因是某些教材講的太簡單，而使人根本無法入手。本書的講解則是迄今為止最為全面、詳細的。

3.山西省太原煤炭總公司陳曉龍，深圳福田田園海鮮酒樓孫名勝，江西省宜春師範學校王永民問：寸拳爲詠春拳代表性絕技，其中的一個關鍵要素是「搐勁」練習，但如何掌握好這個「搐勁」卻是一個困擾我們自學者的難題，您能不能講一下它的原理與練習方法？

答：寸拳的訓練及所涉及的技術極為廣泛，筆者將會專門用一本專著《李小龍震撼性絕技——寸勁拳》來講解（該書仍由北京體育大學出版社出版）該技術的詳細訓練方法，當然在這裏我也先把如何掌握「搐勁」的問題給你講解一下：

首先你應放鬆，並按「日字沖拳」的要領去出拳，此時無論是正身或側身都可以，然後對著面前的一個假想目標將拳向前徑直打出，可以左右拳連續打出，但剛開始練習時要略慢一些，以便於慢慢體會動作，注意每一拳都必須將拳力發盡，而且手臂要儘量打直，肩膀不能隨著出拳動作向前送出，而在拳力發盡的同時向後方「搐」一下，使拳頭能產生一種極具破壞性的「震盪力」，也就是拳與肩是反向運動，由此所產生的勁與力在武術中稱為「對拔力」，也有些拳術將之稱之為「爭力」。

有些讀者可能會問，不是全身整體向前運動，才能打出最重的拳法嗎？

當然從理論上講也確實是這樣的，但關鍵是看你以何種方式去出拳，如果打長距離的重拳，就可將全身整體壓向前方，但恰恰我們是在這裏打短距離的「寸勁拳」，所以如果把全身向前推的話，就變成了推力，而不是瞬間的「爆炸力」了，並由於這種短促、迅猛的出拳動作幅度極小，因此還可使對手極難防範。

根據李小龍的理解，寸勁拳所特有的「震盪力」的發力原理就如同手握皮鞭並在皮鞭抽出的一瞬間將手腕突然向上、向後一「揗」（提）的道理一樣，其鞭梢打在物體上的殺傷力是相當驚人的，足以將人的肌肉撕開。

另外，還有一個例子可以詮釋「震盪力」的原理與作用，例如，子彈或炮彈出膛後都會有一定的後坐力，這是槍彈裏面的火藥爆炸後所產生的作用，正是由於火藥的爆炸，才在槍管或炮管裏面同時產生一股向前和向後的衝擊力，當然這向前的衝擊力的威力是相當強大的，詠春拳的寸勁拳之勁力發放原來亦同於此。

為了讀者自學此種短距離發力，可以找一條皮帶或繩子自己試一下，用兩手分別握住繩子或皮帶的一端，先使繩子或皮帶收回鬆弛，然後兩手同時向兩側迅速用力將繩子拉直，兩手的動作越來越快，並最後利用「加速度」原理，將繩子拉至伸直（水平）的狀態，這時你會感覺到兩手上的衝擊力是相當大的，做過這一試驗或練習後，再去體會和掌握「震盪力」就不難了。

圖 851

圖 852

圖 853

4.吉林省吉林市中心路通利有限公司馬福強，河北省滄州育華武校林璐，山東省濟鋼王堅華問：如何正確理解詠春拳中的「轉馬力」，它到底是靠自身的力量來旋轉，還是借用對手的力量來旋轉？

答：「轉馬」是詠春拳中「卸力」和「借力打力」的經典動作，也是花最少的力氣來化解對方重力攻擊的最為有效的方法。在實戰中，多在正面對敵的情況下快速轉為側身對敵去巧妙地打擊對手的。而且首先要說明的是，「轉馬」是借用對方的打擊衝力去順勢化解對方的重擊，例如，當對方以右擺拳重重打來時，如果憑蠻力去格擋的話，可能在你擋住對方攻擊的同時，你的手臂也早已被對手打得麻木了，甚至被對手的沖擊力推得失去重心平衡。

對此，正確的方法是，以手臂接觸對方後，不跟對手鬥力，我手臂與對方手臂接觸的瞬間，對方的沖擊力也已由手臂傳到了我身上，此時我可借對手的沖擊力將身體迅速轉向另一個角度，迫使對方的重拳落空。同時我還可用空閒著的另一隻手去突然打擊對手，由於我是借對方的衝力來轉身，因此我還可再次借轉身之慣性突發另一拳去重創對方（圖 851、852、853、854、855）。也就是我借轉體的慣性力量去出拳反擊對手，而轉體的慣性動作又是借用對方的沖擊力來產生的。這個時候我的兩腳的位置基本上是在原地不動的，只是使兩腳略微改變了一下站立角度而已。

圖 854

圖 855

綜上所述，詠春拳就怕對手不猛力沖來，只要他膽敢沖來，我便可有效地「避實就虛」，給予巧妙的重擊。而避免同對手進行面對面的硬拼，以免拼個兩敗俱傷。「轉馬」也就是透過旋轉身體的動作來卸掉對方的力，將他的力引導至地下，並由於我是以大地做後盾的，所以自身的重心自然會極為穩固。（圖 856、857、858、859）為「轉馬沖拳」的側面示範。更重要的是，我是巧借來自對方身上的力量去反擊對手的，因此，我迅速反擊時的力量是相當大的，同時我突然的轉身動作也已經把自己從對方的正面的最佳發力點上避開了。

5.上海市徐匯區吉勝五金公司楊正帆，青海省管理幹部學院鄒猛，江西省南昌公交公司黃槿問：爲什麼一些老一輩的詠春拳高手在搏擊時都是頭部保持正直或略爲後仰呢？它有什麼科學原理？

答：老一輩詠春拳高手在搏擊時的確習慣將頭部略後仰，這樣做的目的是為了遠離對手，也就是說，在同樣的距離條件下，我可以出拳打中對手臉部，而對手卻無法打中我的臉部，因為他是將頭部略前傾的，換言之，假如雙方的手臂一樣長，那麼我是將頭部略後仰的，所以他就無法打中我。詠春拳的樁馬特點是「後馬」，也就是與一般的拳術剛好相反的重心壓於後腳的站立對敵方法。

當然，在此還可能還有人會問，頭部略後仰的情況下會不會使出拳的力度受到影響呢？因為通常情況下拳擊運動員都是在重心略前傾的情況下出拳的。

我的答案則是：詠春拳的出拳靠的是「寸勁」，也就是「長橋力」，它的殺傷力與出拳的距離沒有太大的關係，如果距離太長的話，反而會因為攻擊路線太長而使對手提早做出了變化，在這種情況下，你的拳頭力量大又有什麼用呢？

從另一個角度來講，頭部保持正直或略後仰還可進一步做到「虛領頂勁」，在這裏，頂勁者，是中氣上沖於頭頂者；而且打拳全賴頂勁，頂勁領好，則全身精神為之一振。頭頸是中流砥柱，若失頂勁，則四肢若無所附，拳之剛烈爆炸勁力也絕無法發出。所以，詠春拳在搏擊時要求「頭正頸直」也是有它一定的科學道理的。

在這種情況下，人的頭部後腦同下面的腳跟在一條上下垂直線上，而下麵的前伸之腳又與頭部成一條斜直線，這就使前、後兩腳及頭部之間構成了一個標準的既可攻又可守的「直角三角形」。

後　記

《詠春拳速成搏擊術訓練》一書出版後所造成的熱烈反響是我始料未及的，每天幾十封的來信對我來說是個極大的鼓舞與鞭策，我首先謝謝大家多年來對我的熱心的支持。既然大家很喜歡詠春拳，那麼，我便會逐步將詠春拳的所有技、戰術體系全部寫出來，也算是還詠春拳的本來面目。

確實，目前市面上的一些相關資料在一定程度上曲解和誤導了詠春拳，儘管我們所講解的詠春拳未必符合一些前輩們的觀點與要求，而一些權威「專家」又未必肯寫出來供廣大愛好者分享，鑒於此，我只好再次拋磚引玉了。當然，如果本系列書籍的出版對一些詠春拳同門的教學造成了某些不便的話，在此，我謹表示十二分的歉意。沒辦法，由於讀者們的盛情難卻，我也只好寫下去了，況且武術本來就是屬於全民的、屬於全社會的，「絕招」如果一直藏於箱底，又如何體現其「絕招」的價值呢？

換位來講，我們都知道自己學詠春拳之艱辛，難道我們也想讓後來者走彎路而步我們的後塵嗎？況且，如今社會開明，我們更應該放下包袱，與時俱進，為光大國術盡自己應有的力量。

《詠春拳高級格鬥訓練》主要講解了詠春拳的看門拳法「標指」及其實戰用法，以及「粘手」的詳細訓練方法

等。由於篇幅所限，詠春拳的其他更為高級的格鬥技術如木人樁法、詠春粘腳、擒摔絕技、詠春心法、詠春氣功等，便只好由另一本《詠春拳頂尖高手必修》（暫定名）來講解了，因為沒有任何一本書可以盡載一切，不便之處，尚請見諒。而且同以前一樣，大家如有什麼問題，或是想進一步學習和瞭解更為高深的詠春格鬥技術的話，可直接寫信到出版社聯繫或發郵件給筆者，讓我們攜手共創詠春拳之輝煌。

本書的示範照片由珠海截拳道協會的方英挺、關天文、李海浩、黃武偉、樊小壘、劉源、黃立教練及高級學員楊政立、賴銳程協助拍攝，在此一併致謝。

作者網址：www.chinajkd.net
e-mail：weijkd@tom.com.

國家圖書館出版品預行編目資料

詠春拳高級格鬥訓練／魏 峰 編著
—初版—臺北市，大展，2006［民 95］
287 面；21 公分—（實用武術技擊；14）
ISBN 978-957-468-491-5（平裝）
1. 拳術—中國
528.97　　95016212

詠春拳高級格鬥訓練

編　　著／魏　　峰
責任編輯／葉　　萊
發 行 人／蔡 森 明
出 版 者／大展出版社有限公司
社　　址／台北市北投區（石牌）致遠一路 2 段 12 巷 1 號
電　　話／(02) 28236031・28236033・28233123
傳　　真／(02) 28272069
郵政劃撥／01669551
網　　址／www.dah-jaan.com.tw
E-mail／service@dah-jaan.com.tw
登 記 證／局版臺業字第 2171 號
承 印 者／傳興印刷有限公司
裝　　訂／建鑫裝訂有限公司
排 版 者／弘益電腦排版有限公司
授 權 者／北京體育大學出版社
初版 1 刷／2006 年（民 95 年）11 月
初版 3 刷／2010 年（民 99 年）10 月　　定價／280 元

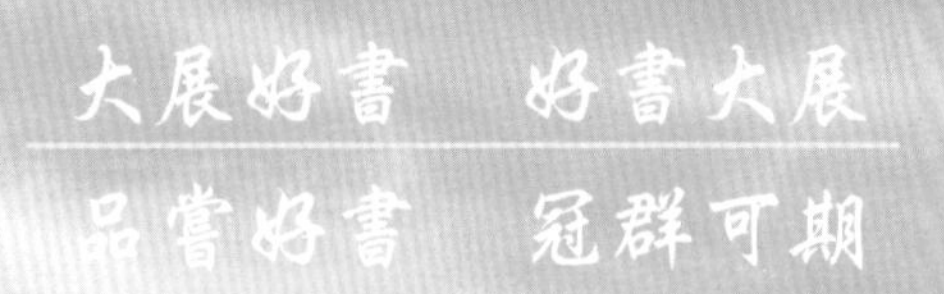
大展好書　好書大展
品嘗好書　冠群可期